U0684317

—— 乡村振兴特色优势产业培育工程丛书

中国油茶产业发展蓝皮书

（2024）

中国乡村发展志愿服务促进会 组织编写

中国出版集团有限公司
研究出版社

图书在版编目 (CIP) 数据

中国油茶产业发展蓝皮书. 2024 / 中国乡村发展志
愿服务促进会组织编写. — 北京：研究出版社，2025.
7. — ISBN 978-7-5199-1902-3

Ⅰ. F326.12

中国国家版本馆 CIP 数据核字第 2025SP4534 号

出品人：陈建军
出版统筹：丁　波
责任编辑：寇颖丹

中国油茶产业发展蓝皮书（2024）

ZHONGGUO YOUCHA CHANYE FAZHAN LANPI SHU (2024)

中国乡村发展志愿服务促进会　组织编写

研究出版社 出版发行

（100006　北京市东城区灯市口大街 100 号华腾商务楼）

北京建宏印刷有限公司印刷　新华书店经销

2025 年 7 月第 1 版　2025 年 7 月第 1 次印刷

开本：710 毫米 × 1000 毫米　1/16　印张：15.25

字数：241 千字

ISBN 978-7-5199-1902-3　定价：65.00 元

电话（010）64217619　64217652（发行部）

乡村振兴特色优势产业培育工程丛书
编委会

本书编写人员

主　　编：陈永忠

副 主 编：龚　春　马锦林　冯纪福　程军勇　方学智

　　　　　黄家章　许彦明　张　震　周新平

编写人员：（按姓氏笔画排序）

　　　　　马　力　王　瑞　王东雪　占志勇　刘彩霞

　　　　　杨小胡　杨友志　张应中　张焕柄　陈柏林

　　　　　陈隆升　陈清波　罗　凡　段章群

本书评审专家
（按姓氏笔画排序）

王瑞元　李金花　李俊雅　李聚桢　吴燕民

张忠涛　陈昭辉　赵世华　饶国栋　聂　莹

裴　东　谭　斌　薛雅琳

编写说明

习近平总书记十分关心乡村特色产业的发展，作出一系列重要指示。2022年10月，习近平总书记在党的二十大报告中指出："发展乡村特色产业，拓宽农民增收致富渠道。巩固拓展脱贫攻坚成果，增强脱贫地区和脱贫群众内生发展动力。"同月，习近平总书记在陕西考察时强调，产业振兴是乡村振兴的重中之重，要坚持精准发力，立足特色资源，关注市场需求，发展优势产业，促进一二三产业融合发展，更多更好惠及农村农民。2023年4月，习近平总书记在广东考察时要求，发展特色产业是实现乡村振兴的一条重要途径，要着力做好"土特产"文章，以产业振兴促进乡村全面振兴。2024年4月，习近平总书记在重庆主持召开的新时代推动西部大开发座谈会上强调，要坚持把发展特色优势产业作为主攻方向，因地制宜发展新兴产业，加快西部地区产业转型升级。

为贯彻落实习近平总书记的重要指示和党的二十大精神，紧密围绕"国之大者"，按照确保重要农产品供给和树立大食物观的要求，中国乡村发展志愿服务促进会认真总结脱贫攻坚期间产业扶贫经验，启动实施"乡村特色优势产业培育工程"，选择油茶、油橄榄、核桃、杂交构树、酿酒葡萄，青藏高原青稞、牦牛，新疆南疆核桃、红枣9个特色优势产业进行重点培育。这9个产业，都事关国计民生，经过多年的努力特别是脱贫攻坚期间的工作，具备了加快发展的基础和条件，不失时机地促进实现高质量发展，不仅是必要的，而且是可行的。中国乡村发展志愿服务促进会动员和聚合社会力量，促进发展木本油料，向山地要油料，加快补齐粮棉油中"油"的短板，是国之大者。促进发展核桃、

1

杂交构树等，向植物要蛋白，加快补齐肉蛋奶中"奶"的短板，是国之大者。促进发展青藏高原青稞、牦牛和新疆南疆核桃、红枣，促进发展西北地区葡萄酒产业，是脱贫地区巩固拓展脱贫攻坚成果和实现乡村产业振兴的需要，也是实现农民特别是脱贫群众增收的重要措施。通过培育重点企业、强化科技支撑、扩大市场销售、对接金融资源、发布蓝皮书等工作，努力实现产业发展、农民增收、企业盈利、消费者受益的目标。

发布蓝皮书是培育工程的一项重要内容，也是一项新的工作。旨在普及产业知识，记录产业发展轨迹，反映产业状况，推广良种良法，介绍全产业链开发的经验做法，对产业发展进行预测、展望，营造产业发展的社会氛围，加快实现高质量发展。从2023年开始，我们连续编写出版了9个产业发展的蓝皮书，受到社会欢迎和好评。

2025年的编写工作中，编委会先后召开编写提纲讨论会、编写调度会、专家评审会等一系列重要会议。经过半年多的努力，丛书成功付样面世。丛书的编写与出版，得到了各方的大力支持。在此，我们诚挚感谢所有参加蓝皮书编写的人员及支持单位，感谢评审专家，感谢出版社及各位编辑，感谢三峡集团公益基金会的支持。尽管已是第三年编写，但由于对9个特色产业发展的最新数据掌握不够全面，加之能力有限，书中难免存在疏漏谬误，欢迎广大读者批评指正。

下一步，我们将深入贯彻习近平总书记关于发展乡村特色产业的重要指示精神，密切跟踪9个特色产业的发展情况，加强编写工作统筹，进一步提升编写质量，力求把本丛书编写得更好，为乡村特色优势产业的发展贡献力量，助力乡村全面振兴。

丛书编委会

2025年5月

代　序

乡村振兴特色优势产业培育工程实施方案

中国乡村发展志愿服务促进会

2022年7月11日

　　民族要复兴，乡村必振兴。脱贫攻坚任务胜利完成以后，"三农"工作重心历史性转到全面推进乡村振兴。为贯彻落实习近平总书记关于粮食安全的重要指示精神，落实《国家乡村振兴局 民政部关于印发〈社会组织助力乡村振兴专项行动方案〉的通知》（国乡振发〔2022〕5号）要求，中国乡村发展志愿服务促进会（以下简称促进会）认真总结脱贫攻坚期间产业扶贫经验，选择油茶、油橄榄、核桃、酿酒葡萄、杂交构树，青藏高原青稞、牦牛，新疆南疆核桃、红枣9个特色优势产业进行重点培育，编制《乡村振兴特色优势产业培育工程实施方案》（以下简称《实施方案》）。

一、总体要求

（一）指导思想

　　以习近平新时代中国特色社会主义思想为指导，全面贯彻习近平总书记关于"三农"工作的重要论述，立足新发展阶段，贯彻新发展理念，构建新发展格局，落实高质量发展要求。按照乡村要振兴、产业必先行的理念，坚持"大食物观"，立足不与粮争地，坚守18亿亩耕地红线，本着向山地要油料、向构树要蛋白的思路，加快补齐粮棉油中"油"的短板、肉蛋奶中"奶"的短板，持续推进乡村振兴特色优势产业培育工程。立足帮助优质农产品出村进城，不断丰富市民的"米袋子""菜篮子""果盘子""油瓶子"，鼓起脱贫地区人民群众的"钱袋子"。立足推动农业高质高效、乡村宜居宜业、农民富裕富足，为全面推进乡村振兴、加快农业农村现代化提供有力支撑。

（二）基本原则

——坚持政策引导，龙头带动。以政策支持为前提，积极为产业发展和参与企业争取政策支持。尊重市场规律，发挥市场主体作用，择优扶持龙头企业做大做强，充分发挥龙头企业的示范带动作用。

——坚持突出重点，分类实施。突出深度脱贫地区，遴选基础条件好、带动能力强的企业，进行重点培育。按照"分产业、分区域、分重点"原则，积极推进全产业链发展。

——坚持科技支撑，金融助力。加强对特色优势产业发展的科研攻关、科技赋能作用，促进科研成果及时转化。对接金融政策，促进企业不断增强研发能力、生产能力、销售能力。

——坚持行业指导，社会参与。充分发挥行业协会指导、沟通、协调、监督作用，帮助企业加快发展，实施行业规范自律。充分调动社会各方广泛参与，"各炒一盘菜，共办一桌席"，共同助力产业发展。

——坚持高质量发展，增收富民。坚持"绿水青山就是金山银山"理念，帮助企业转变生产方式，按照高质量发展要求，促进产业发展、企业增效、农民增收、生态增值。

（三）主要目标

对标对表国家"十四五"规划和2035年远景目标纲要，设定到2025年、2035年两个阶段目标。

——到2025年，布局特色优势产业培育工程，先行试点，以点带面，实现突破性进展，取得明显成效。完成9个特色优势产业种养适生区的划定，推广"良种良法"，建设一批生产基地。培育一批龙头企业、专业合作社和家庭农场等市场主体，建立重点帮扶企业库，发挥引领带动作用。聘请一批知名专家，建立专家库，做好科技支撑服务工作。培养一批生产、销售和管理人才，增强市场主体内生动力，促进形成联农带农富农的帮扶机制。

——到2035年，特色优势产业培育工程形成产业规模，实现高质量发展。品种和产品研发取得重大突破，拥有多个高产优质品种和市场占有率高的产品。种养规模与市场需求相适应，加工技术不断创新，产品质量明显提升，销售盈利能力不断拓展，品牌影响力明显增强。拥有一批品种和产品研发专家，一批产业发展领军人才和产业致富带头人，一批社会化服务专业人才。市场主体发展壮大，实现一批企业上市。联农带农富农帮扶机制更加稳固，为共同富裕添砖加瓦，作出积极贡献。

二、重点工作

围绕特色优势产业培育工程目标，以"培育重点企业、建立专家库、实施消费帮、搭建资金池、发布蓝皮书"为抓手，根据帮扶地区自然禀赋和产业基础条件，做好五项重点工作。

（一）培育重点企业

围绕中西部地区，特别是三区三州和乡村振兴重点帮扶县，按照全产业链发展的思路遴选一批产业基础好、发展潜力大、创新能力强的企业，建立重点帮扶企业库，作为重点进行培育。对有条件的龙头企业，按照上市公司要求和现代企业制度，从政策对接、金融支持、消费帮扶等方面进行重点培育，条件成熟的推荐上市。

（二）强化科技支撑

遴选一批品种研发、产品开发、技术推广、工艺研究等方面的专家，建立专家库，有针对性地对制约产业发展的"卡脖子"技术难题进行联合攻关。为企业量身研发、培育种子种苗，用"良种良法"助力企业扩大种养规模。加强产品研发攻关，提高产品品质和市场竞争力。充分发挥企业家在技术创新中的重要作用，鼓励企业加大研发投入，承接和转化科研单位研究成果，搞好技术设备更新改造，强化科技赋能作用。

（三）扩大市场销售

帮助企业进行帮扶产品认定认证，给帮扶地区产品提供"身份证"，引导销售。利用促进会"帮扶网""三馆一柜"等平台和载体，采取线上线下多种方式销售。通过专题研讨、案例推介等形式，开展活动营销。通过每年发布蓝皮书活动，帮助企业扩大影响，唱响品牌，进行品牌销售。

（四）对接金融资源

帮助企业对接国有金融机构、民营投资机构，引导多类资金对特色优势产业培育工程进行投资、贷款，支持发展。积极与有关产业资本合作，按照国家政策规定，推进设立特色优势产业发展基金，支持相关产业发展。利用国家有关上市绿色通道，帮扶企业上市融资。

（五）发布蓝皮书

组织专家编写分产业的特色优势产业发展蓝皮书。做好产业发展资料收集、整理、分析工作，加强国内外发展情况对比分析，在总结分析和深入研究的基础上，按照蓝皮书的基本要求组织编写，每年6月前对外发布上一年度产业发展蓝皮书。

三、保障措施

（一）组建项目组

促进会成立项目组，制定《实施方案》并组织实施。项目组动员组织专家、企业家和有关单位，分别成立9个项目工作组，制定产业发展实施方案并组织实施。做好产业发展年度总结，编写好分产业特色优势产业发展蓝皮书。

（二）争取政策支持

帮助重点龙头企业对接国家有关产业政策、产业发展项目。协调相关部门，加大帮扶工作力度，争取将脱贫地区重点龙头企业的产业发展规划纳入国家有关部门和有关地区的专项发展规划并给予支持。争取各类金融机构对重点帮扶龙头企业给予贷款、融资优惠,助力重点帮扶企业加快发展。

(三) 坚持典型引领

选择一批资源禀赋好、发展潜力大、市场前景广的种养基地作为示范种养典型,选择一批加工能力精深、技术先进、效益良好的龙头企业作为产品加工示范典型,选择一批增收增效、联农带农富农机制好的市场主体作为联农带农富农典型。通过典型示范,引领特色优势产业培育工程加快发展。

(四) 搞好社会动员

建立激励机制,让热心参与特色优势产业发展的单位和个人政治上有荣誉、事业上有发展、社会上受尊重、经济上有效益。加强宣传工作,充分运用电视、网络等多种媒体,加大舆论宣传推广力度,营造助力特色优势产业培育工程的良好社会氛围。招募志愿者,创造条件让志愿者积极参与特色优势产业培育工程。

(五) 加强协调促进

充分利用促进会在脱贫攻坚阶段取得的产业发展经验和社会影响力,协调脱贫地区龙头企业对接产业政策,动员产业专家参与企业技术升级和产品研发,衔接金融资源帮助企业解决资金难题。发挥行业协会的积极作用,按照公开、透明、规范要求,帮助企业规范运行,自我约束,健康发展。

四、组织实施

(一) 规范运行

在促进会的统一领导下,项目组和项目工作组根据职责分工,努力推进9个特色优势产业培育工程实施。项目组要根据产业特点组织制定专家库、重点帮扶企业库的建设与管理办法、产业发展培育项目管理办法,包括金融支持、消费帮扶、评估评价等办法,做好项目具体实施工作。

(二) 宣传发动

以全媒体宣传为主,充分发挥新媒体优势,不断为特色优势产业培育工程实施营造良好的政策环境、舆论环境、市场环境,让企业家专心生产经营。宣传动员社会各方力量，为特色优势产业培育工程建言献策。

（三）评估评价

发动市场主体进行自我评价，通过第三方调查等办法进行社会评价。特色优势产业培育工程项目组组织有关专家、行业协会、企业代表，对9个特色优势产业发展情况、市场主体进行专项评价。在此基础上，进行评估评价，形成特色优势产业发展年度评价报告。

CONTENTS | 目录

I

第二章

油茶产业发展外部环境 / 027

第三章

油茶产业发展重点区域 / 051

油茶产业发展重点企业 / 099

第五章

油茶产业发展的代表性产品 / 133

第七章

油茶产业发展趋势分析 / 185

绪　论

　　油茶是我国特色的木本油料树种，生产上泛指山茶科山茶属植物中种子油脂含量高且具有经济栽培价值的一类植物的总称。油茶果实去除外果皮后的种子称为油茶籽或茶籽，榨取的食用油称为茶油、油茶籽油、山茶油或山柚油等。茶油不饱和脂肪酸含量高达90%以上，其中油酸含量高达80%以上，亚油酸含量7%~13%，脂肪酸组成合理，是联合国粮食及农业组织（FAO）和世界卫生组织（WHO）共同推荐的卫生健康食用油。茶油富含角鲨烯、植物甾醇、维生素E等营养活性成分，长期食用有益人体健康。油茶兼具生态、经济和社会三大效益，是维护国家粮油安全、推动乡村振兴、促进生态建设的重要抓手。近年来，随着全球食用油供应链波动加剧，我国食用油对外依存度居高不下。据统计，近10年我国每年食用植物油进口占比为63.0%~83.1%，其中2024年度我国食用油消费总量为4129.0万吨，但国产油料榨油量仅为1411.5万吨，我国食用油的自给率只有34.2%，食用油对外依存度高达65.8%，远超安全警戒线。油茶适生于我国南方亚热带地区的山地丘陵地带，因其"不与粮争地、一次种植多年受益"的特性，成为破解粮油安全困局的关键突破口。

　　国家高度重视油茶产业发展，国家林业和草原局、国家发展和改革委员会、财政部联合印发《加快油茶产业发展三年行动方案（2023—2025年）》。2024年，油茶产区全面贯彻实施《加快油茶产业发展三年行动方案（2023—2025年）》，油茶林面积在2023年7219.61万亩的基础上，2024年全国新造及低产林改造712.5万亩，茶油产量突破100万吨，比2023年增加30.94%。财政部、国家林业和草原局先后两批遴选出14个中央财政油茶产业发展示范奖补项目，从加大油茶营造补助力度和打造油茶产业发展示范高地两方面发力，支持油茶产业"扩面""提产"，促进提升油茶产业发展水平。2024年，国务院办公厅《关于践行大食物观构建多元化食物供给体系的意见》发布，提出因地制宜扩大油茶、油橄榄、仁用杏等木本油料种植面积，实施加快油茶产业发展行动，建设高标准油茶生产基地，改造提升低产林。近几年中央一号文件连续强调支持发展油茶，地方政府亦通过补贴、技术推广等措施加速产业布局。近年来，消费者对健康食用油的需求持续增长，2024年，国家卫生健康委等16个部门联合发布《关于印发"体重管理年"活动实施方案的通知》，提出"力争通过3年左右时间，实现体重管理支持性环境广泛建立，全民体重管理意识和技能显著提升，健康生活方式更加普及，部分人群体重异常状况得以改善，全民参与、人人受益的体重管理良好局面逐渐形成"。茶油富含单不饱和脂肪酸、维生素E、茶多酚和角鲨烯等，这些成分都是人体所必需的营养物质，可为人体提供能量和营养，维持人体的正常生理功能。其中：单不饱和脂肪酸能降低血液中胆固醇、甘油三酯含量，提升高密度脂蛋白水平，有助于降低血脂，预防动脉粥样硬化，进而对心血管健康有益，可减少心血管疾病发生风险；维生素E、茶多酚等则可以抗氧化，减少氧化应激对身体的损害。但目前茶油市场占有率仅为2%左右，潜力巨大，加之电商渠道的拓展和品牌化建设的推进，茶油正从区域性产品向全国乃至国际市场扩张。油茶产业正在全产业链发展道路上快速前进，综合效益越来越明显。

为全面总结、评估2024年油茶产业取得的新成效、面临的挑战与机遇，为政府决策、企业战略制定和学术研究提供科学依据，《中国油茶产业发展蓝皮书（2024）》在2022年和2023年版本基础上，进一步系统梳理2024年油茶产业发展的进展成效，剖析产业发展存在的问题，提出产业高质量发展的对策和建议。本次蓝皮书编撰依托多维度调研，一是权威统计数据，系统梳理了国家及地方统计年鉴、相关政策文件、主流新闻报道以及新华指数等宏观数据；二是征集产业数据，面向湖南、江西、广西、湖北等油茶核心主产区及60家代表性企业，定向征集了涵盖生产规模、销售渠道、市场表现等经营数据；三是开展实地调研，重点深入湖南大三湘茶油股份有限公司、湖南新金浩茶油股份有限公司等企业，通过实地考察与深度访谈，深度剖析其在种植管理、精深加工、品牌建设及市场营销等方面的先进经验与成功模式。走访湖南、江西、广西等油茶主产区，实地考察良种苗木推广、标准化种植、机械化采收、病虫害防治等关键技术的应用效果，评估其对产业提质增效作出的贡献。

本书对油茶产业链上游、中游和下游的产业发展概况、企业案例分析、商业运行模式与创新发展趋势进行了详细分析，全面梳理了2024年全国油茶种植、加工、从业人员、营销等基本情况。从政策环境、技术环境、市场需求等方面分析了油茶产业发展外部环境，总结分析了湖南、江西、广西、湖北等油茶产业发展重点区域的政策资金支持、基地建设、精深加工、品牌建设、产业融合及经营模式、科技创新与产业支撑、社会服务组织等产业发展举措。分析了江西吉安市、湖南衡阳市、浙江衢州市、广西柳州市、湖北随州市、广东河源市等6个2023年中央财政油茶产业发展示范奖补项目的实施成效与经验。介绍了湖南永州市、江西赣州市、河南信阳市、浙江丽水市、湖南株洲市、广西百色市、广西河池市、贵州铜仁市等8个2024年中央财政油茶产业发展示范奖补项目的推进措施。通过对比不同区域发展情况，总结成功经验和发展模式，为全国油茶产业区域协调发展提供参考。制定了油茶产业发展和创新指标体系，对油茶主要产区60家样本企业进行分析，构建2024年度油茶产业发展指数和创新指数。总结了湖南大三湘茶油股份有限公司、湖南新金浩茶油股份有限公司、江西星火农林科技发展有限公司、湖北黄袍山绿色产品有限公司、河南省联兴油茶产业开发有限公司、湖南省茶油有限公司等重点企业2024年的发展重点和亮点。通过对比不同企业发展策略和成果，总结企业成功经验和发展模式，为油茶产业相关企业发展提供借鉴。对比2023年和2024年油茶产业代表性产品和品牌的发展情况，分析产品市场动态和品牌发展趋势，梳理2024年油茶产业发展大事记。从种植、加工、市场、技术、政策等方面系统梳理问题，深入剖析问题产生根源，全面总结2024年度油茶产业发展效益，分析效益提升空间与制约因素，为油茶产业高质量和可持续发展提供依据。

全书共七章，采用市场调查、深度访谈、桌面研究、大数据分析等方法，系统性阐释油茶产业发展最新动态、外部环境、重点区域、重点企业、代表性产品、效益评价和未来发展趋势，准确及时地反映全国油茶产业的发展态势，构筑多维、立体、全面的产业发展图景。

第一章

油茶产业发展基本情况

2024年是实施《加快油茶产业发展三年行动方案（2023—2025年）》的第二年。国家、相关部委、主产省（区、市）在政策、资金、技术等一系列要素方面持续注入，助推油茶产业提质增效，产业发展势头持续向好。2024年，全国油茶新增种植、低产林改造面积712.5万亩，油茶籽产量430万吨，茶油产量达100万吨。

第一节　全国油茶种植面积、区域及产量情况

一、全国油茶种植面积

根据《中国林业和草原统计年鉴（2023）》，截至2023年底，全国油茶种植面积为7219.61万亩，见表1-1。2024年全国累计完成油茶新增种植和低产林改造712.5万亩。截至2024年底，湖南油茶林面积2371万亩、江西油茶林面积1700万亩，广西油茶林面积1050万亩，湖北油茶林面积500多万亩。

表1-1　2021—2023年全国油茶主产区油茶种植面积

（单位：万亩）

地区	2021年	2022年	2023年
湖南	2277.50	2249.75	2327.46
江西	1476.39	1559.76	1648.58
广西	853.00	652.12	734.37
湖北	439.27	454.58	461.95
贵州	320.23	376.80	400.55
广东	257.25	270.61	300.61
福建	248.37	249.11	250.84
安徽	239.22	238.09	247.26
浙江	242.85	236.94	249.44
云南	207.48	165.00	187.70

续表

地区	2021年	2022年	2023年
河南	110.63	123.57	141.94
重庆	101.24	101.94	109.11
四川	58.46	64.84	86.53
陕西	45.00	47.81	53.66
海南	10.92	11.35	19.61
江苏	—	0.28	—
总计	6887.81	6802.55	7219.61

二、油茶种植区域分布

油茶作为我国特有的木本油料树种,种植历史已有2000多年。我国油茶种植区域主要分布在湖南、江西、广西、浙江、安徽、福建、河南、湖北、广东、海南、重庆、四川、贵州、云南、陕西等15个省(区、市),约800个县(市、区)。按照各省(区、市)自然条件、发展历史、现状和潜力,我国油茶种植区域分为核心发展区和重点拓展区。核心发展区包括湖南、江西、广西、湖北、广东、福建、浙江、贵州等8个省(区)的约600个县(市、区)。重点拓展区包括云南、海南、河南、重庆、四川、安徽、陕西等7个省(市)的约200个县(市、区)。

三、全国茶油产量情况

根据《中国林业和草原统计年鉴(2023)》,2023年全国油茶籽产量为336.96万吨,茶油产量为76.37万吨,见表1-2。在全国油茶主产省(区、市)中,湖南、江西、广西茶油产量位居前三,分别为320417吨、144068吨、70902吨,3省(区)茶油总产量为535387吨,占全国茶油总产量的70.10%。截至2023年底,全国茶油小作坊14984个,产油量为345514吨;规模以上加工企业447个,产油量为244835吨;其他加工企业1449个,产油量为68895吨。

根据《中国绿色时报》报道,2024年全国茶油产量达到100万吨,其中,湖南44万吨,江西27.2万吨,广西18.7万吨,湖北6.6万吨。

表1-2　2021—2023年全国油茶主产区油茶籽和茶油产量

（单位：吨）

地区	2021年油茶籽产量	2021年茶油产量	2022年油茶籽产量	2022年茶油产量	2023年油茶籽产量	2023年茶油产量
湖南	1716414	413520	964626	231686	1266388	320417
江西	698116	171150	583956	132961	623005	144068
广西	454829	104420	351668	76924	384532	70902
湖北	257624	44642	265076	56875	270957	63420
广东	177662	39071	179745	41211	199441	45204
福建	165321	19541	171215	22192	171228	26423
浙江	94442	23848	96816	21565	109409	24997
贵州	89133	18984	102877	18621	125109	25295
安徽	129592	25358	85807	14992	71810	12329
河南	61193	12315	55773	13536	53608	11774
云南	29802	6111	35332	7434	31493	6193
四川	28402	3834	15594	3844	18432	4185
陕西	17536	3435	18226	3525	16768	3413
重庆	15560	2577	16455	3177	23461	4364
海南	6750	578	2705	639	3999	722
江苏	—	—	320	7	—	—
总计	3942376	889384	2946191	649190	3369641	763706

第二节　栽培管理情况

一、油茶品种与栽培模式情况

（一）油茶品种

良种是油茶产业发展的前提和基础。2022年10月，国家林业和草原局发布《全国油茶主推品种和推荐品种目录》，在2017年公布的120个油茶主推品种的基础上，进一步择优筛选，确定了16个全国主推品种和65个省（区、市）推荐品种,并列出各主推品种的特性、适宜栽植区域、造林要求和配置品种,主要包括"湘林""三华""赣无""长林""岑软""香花油茶"等系列。从各省(区、市)苗木繁育、造林情况来看,各地区油茶的种植品种以上述品种为主。实践证明,这些油茶品种抗逆性强、耐贫瘠能力显著,稳产性能相对较好,有助于油茶产业实现早实丰产、高产稳产。

(二)油茶栽培模式

在中华人民共和国林业行业标准《油茶》(LY/T 3355—2023)实施后,油茶种植基地建设遵循"良地+良种+良法"的原则推进,逐步建成高标准油茶丰产林,实现年产油40千克/亩的预期目标。在良种壮苗和品种配置的基础上,油茶栽培模式主要包括油茶纯林栽培模式和油茶复合经营栽培模式。

1.油茶纯林栽培模式

纯林是当前油茶基地建设最主要的经营模式,依据所选定的主栽品种和搭配方式,造林密度为50~70株/亩。根据地形的不同,栽培方式主要有全垦整地造林、环山水平带状整地造林、宽窄行造林和适宜机械化作业的造林模式。

2009年带状整地营造的油茶丰产林

2.油茶复合经营栽培模式

(1)"油茶+绿肥植物"模式。江西省抚州市乐安县湖坪乡在油茶林下套种百合、粉防己等中药材,同时利用绿肥作物(如黑麦草)抑制杂草生长。绿肥翻耕入土后增加土壤有机质，降低中药材种植成本，实现"林—药—肥"循环。

（2）"油茶+农作物"模式。湖南省邵阳市邵阳县、邵东市大力推广油茶林下养殖红松茸、木耳等食用菌，平均纯利润6000元/亩；江西省吉安市永丰县通过"以耕代抚"模式，在油茶林下套种红薯，提高土地利用率。该模式既产生短期经济效益，又通过红薯藤蔓覆盖抑制杂草，减少油茶抚育成本。

湖南省邵阳县"油茶+木耳"复合经营模式

（3）"油茶+中药材"模式。湖南省永州市零陵区、江西省抚州市乐安县、湖北省襄阳市谷城县、云南省文山州广南县推广油茶林下套种百部、百合、粉防己、丹参、芍药、天冬、石斛、滇竹节参、黑人参等中药材，实现"以短养长、一林多用"，缓解油茶投产前的收益压力，降低管护成本，提升林地综合效益。

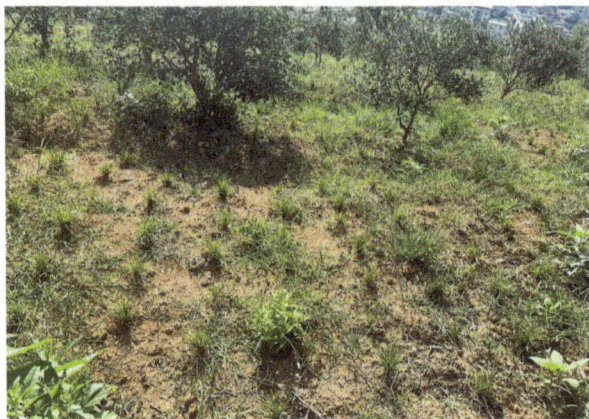

湖南省邵阳县"油茶+天冬"复合经营模式

　　(4)"油茶+畜禽"模式。
浙江省台州市三门县利用油茶
林下的空间资源,开展家禽、
畜牧养殖,实现种养结合,将
优越的生态环境转化为经济
发展的新动能,通过"以林兴
农、以林富民",带动当地村民
和村集体增收。

浙江台州三门县"油茶+养鸡"复合经营模式

　　(5)"油茶生态庄园"模
式。湖南大三湘茶油股份有限公司打造了"东方树油茶庄园",以油茶苗圃为中
心,融入油茶文化,建设集生产示范、培训推广、乡村旅游、科普教育、产品体
验于一体的油茶种植高标准科技示范基地。贵州省龙里县打造以油茶种植为
主,绿化苗木、精品水果、林下养殖等为辅的颐光山林油茶生态园,采用"以短
养长、以山养山"的发展模式,带动当地300余名农户到基地里务工,既解决了
村民"家门口"就业增收问题,又让千亩荒山变成绿水青山。广东省河源市连平
县在油茶基地推行林下经济作物种植及绿肥培育等模式,同时发展旅游观光、
自然科普教育、康养旅游等绿色产业,提高林地产出率,推动一二三产业融合,
实现"长短结合、以林养林"的良性循环。

湖南大三湘茶油股份有限公司"东方树油茶庄园"

二、油茶土、肥、水管理情况

油茶土、肥、水管理对于提升油茶产量、茶油品质，实现油茶早实、高产、稳产至关重要。

（一）土壤管理

油茶土壤管理是保障油茶根系健康、提升地力和高产稳产的核心环节。油茶土壤管理主要包括夏季中耕、秋季除草、冬春季垦抚翻土。油茶林也可以通过间种金鸡菊、百喜草、紫云英等绿肥植物，套种大豆、绿豆、花生等农作物来提高土壤含水率、总孔隙度、生物多样性和酶活性，改善土壤理化性质，提升土壤肥力。生草和间作作物要与油茶植株保持60厘米以上距离。

（二）施肥管理

油茶施肥管理包括种植时施基肥和种植后追施有机肥、复合肥和叶面肥等。按照行业标准《油茶》（LY/T 3355—2023），每穴推荐施专用有机肥10千克，并加入钙镁磷肥0.5千克作为基肥，且基肥施在穴底部，与回填表土拌匀，回填覆土略高于地面。冬季施有机肥，春季施复合肥，结合树龄、树势科学选择施肥量和营养元素配比。花期、果实膨大期、花芽分化期可喷施叶面肥。2024年，全国大力推广应用油茶水肥一体化设备及技术，油茶施肥管理水平整体得到了显著提升，在一定程度上改变了油茶从业人员原有的"靠天收"粗放式经营理念，多数油茶基地产量均有提升。

（三）水分管理

油茶水分管理是油茶栽培管理中的重要组成部分，主要包括覆盖树基根盘保墒和水肥一体化两种模式。通过割除杂草或使用地膜，覆盖树基根盘，减少土壤水分蒸发，保水保墒。与2023年相比，2024年油茶水肥一体化建设面积显著增加。湖南省以1200元/亩的支持标准，鼓励油茶种植户开展水肥一体化建设，2024年累计建设水肥一体化基地20万亩，江西、广西、湖北等地也利用中央财政油茶产业发展奖补项目积极开展油茶水肥一体化建设。当前，油茶水肥一体化技术以微喷、滴灌和喷灌为主，主要包括半自动化和自动化两种方式,建设成本在1500～2500元/亩。水肥一体化工程要重视水源点配套、日常抚育管理和科技施肥技术的融合。采用水肥一体化技术后,多数油茶基地产量均有显著提升。

油茶水肥一体化基地

三、病虫害防控

油茶主要病害包括软腐病、炭疽病、茶苞病等,主要虫害包括油茶毒蛾、油茶象甲、小绿叶蝉等。病虫害防控主要采用"预防为主,综合防治"的方针。在加强施肥、修剪等抚育管理提高油茶林抗病虫能力的基础上,结合释放赤眼蜂、花绒寄甲、瓢虫和喷洒白僵菌等生物防治,杀虫灯、黏虫板、性引诱剂等物理防治和化学防治等手段进行综合治理。广西田林县、江西宜春市、浙江柯城区等地针对病虫害发生的关键时间节点,利用无人机开展油茶病虫害防控,防控成本大大降低,工作效率显著提升。整体上,2024年油茶病虫害发生率较低。2024年12月下旬开始,油茶产区普遍气温偏高、降水偏少,有利于油茶金龟子和象鼻虫等虫卵越冬。今后,

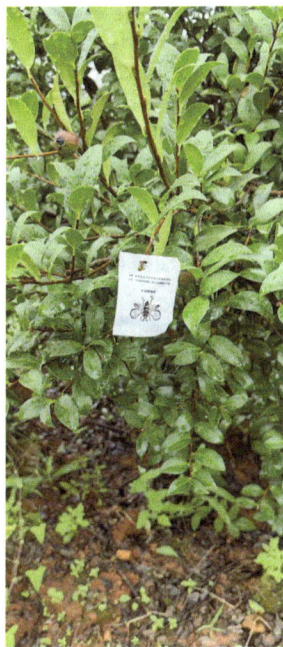

油茶病虫害防治

需要结合油茶生产关键节点及天气情况开展病虫害动态监测，建立油茶主要病虫害预警体系，提前做好预防措施和防治工作准备。

第三节　加工情况

一、茶油加工情况

（一）茶油国家标准

茶油的脂肪酸成分主要包括饱和脂肪酸、单不饱和脂肪酸、多不饱和脂肪酸及其他脂肪酸。根据国家标准《油茶籽油》（GB/T 11765—2018），茶油不饱和脂肪酸含量高达90%以上。茶油基本组成和主要物理参数见表1-3。

表1-3　油茶籽油（茶油）基本组成和主要物理参数

项目			指标
相对密度（d_{20}^{20}）			0.912~0.922
主要脂肪酸组成（%）	豆蔻酸（C14:0）	≤	0.8
	棕榈酸（C16:0）		3.9~14.5
	棕榈一烯酸（C16:1）	≤	0.2
	硬脂酸（C18:0）		0.3~4.8
	油酸（C18:1）		68.0~87.0
	亚油酸（C18:2）		3.8~14.0
	亚麻酸（C18:3）	≤	1.4
	花生酸（C20:0）	≤	0.5
	花生一烯酸（C20:1）	≤	0.7
	芥酸（C22:1）	≤	0.5
	二十四碳一烯酸（C24:1）	≤	0.5

（二）茶油国际标准

根据国际食品法典委员会（Codex Alimentarius Commission, CAC）第47届大会决议，将《油茶籽油》纳入《特定植物油标准》（CXS 210—1999）。

CAC是联合国粮食及农业组织（FAO）和世界卫生组织（WHO）共同建立的政府间国际标准组织，旨在制定国际食品法典标准，保护消费者健康，促进食品公平贸易。CAC《油茶籽油》标准由我国牵头组织制定，国家粮食和物资储备局标准质量中心主持、国家粮食和物资储备局科学研究院承担了标准研究工作，与我国现行国家标准《油茶籽油》（GB/T 11765—2018）相比，CAC标准增加了油茶籽毛油的质量指标，包括甾醇、生育酚及生育三烯酚的总量及组成，详见表1-4和表1-5。

表1-4　油茶籽毛油中甾醇总量及组成

项目	含量/（mg/kg）
甾醇总量	100~4000
甾醇组成（占甾醇总量的百分数）/（%）	
芸薹甾醇（菜油甾醇）	0.5~2.1
豆甾醇	0.3~4.6
β–谷甾醇	16.0~60.0
δ–5–燕麦甾醇	0.4~4.3
δ–7–豆甾烯醇	37.2~69.0
其他	0.5~5.1

表1-5　油茶籽毛油中生育酚及生育三烯酚总量及组成

项目	含量/（mg/kg）
生育酚及生育三烯酚总量	100~1000
生育酚及生育三烯酚组成/（%）	
α–生育酚	30~950
β–生育酚	ND~11
γ–生育酚	2~56
δ–生育酚	ND~28
α–生育三烯酚	13~35
γ–生育三烯酚	5~39

（三）茶油主要加工技术

2024年茶油加工技术仍以压榨加工为主，与2023年相比，一些区域和企业已采用了微波调质联程热榨、鲜果连续制油、新水法等新型制油工艺。

1. 微波调质联程热榨制油工艺

由湖南省林业科学院牵头完成的"油茶籽油风味和品质提升关键技术创新及应用"项目，成功研发出一种新型油茶制油工艺——微波调质联程热榨制油工艺。该工艺适配油茶籽物理特性和内含物质组成特点，对榨杆结构进行优化，创制出集成温度和压力在线监控的双螺旋榨油机，实现了微波调质联程热榨制油工艺的工程化应用，大幅缩短调质预处理时间，使油茶籽油提取率达96%以上，较直接入料压榨工艺提升20%左右。

2. 鲜果连续制油技术

湖南大三湘茶油股份有限公司、湖南中医药大学和衡阳市林业科技推广站共同完成的"鲜油茶果连续制油技术与示范"项目，采用了压榨自控系统、冷提自控系统等系统创新和通风料仓、脱蒲分离机、清洗机、破碎机、调质机、色选机、磁选机、双螺杆榨油机等设备创新，有效解决了传统制油技术中存在的加工成本高、能耗高、易受天气影响等问题，形成了鲜油茶果连续制油关键技术，同时配套研发移动脱蒲分离机，原料运输成本减少50%，显著提升生产效率和产品稳定性。

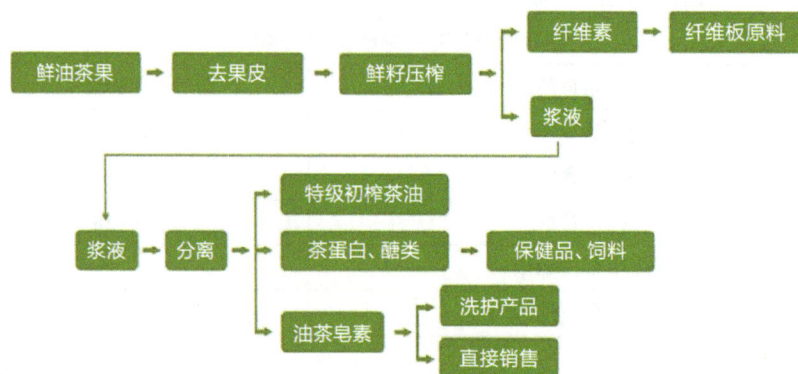

鲜果连续制油技术

3. 新水法制油工艺

新水法制取油茶籽油的工艺流程为：新鲜油茶果→晾晒→脱蒲→制成干油茶籽→脱壳→粉碎→添加水（按油茶籽粉质量的15%~25%添加）和提油助剂（按油茶籽粉质量的2%~3%添加）→揉搓、搅拌（50℃下搅拌50分钟）→离心分离→收集油茶籽油。采用新水法制油工艺提取的油茶籽油具有天然风味，在总生育酚含量上具有明显的优势。

4. 水乳化萃取与冷冻破乳化释放组合技术

该技术的主要流程为：水乳化萃取（粉碎机粗粉碎→与水按比例混合→胶体磨内进行湿法超微粉碎乳化萃取）→离心分离→冷冻破乳化释放（低温环境下冷冻一定时间后解冻，得到上层茶籽油相和下层湿蛋白质固相）→离心分离→收集油茶籽油。

该技术以水为溶剂、采用水乳化萃取与冷冻破乳化释放组合的方式提取油茶籽油。由于提取温度低，茶籽蛋白及其他成分不易变性，能够有效保留油茶籽油中的营养物质，且具有生产成本低、节能环保等优势，是一种高效、绿色的油脂提取技术。

二、油茶副产物产品加工情况

在油茶果采收和制油过程中，会产生多种副产物，包括油茶枝叶与根茎、油茶果壳、油茶籽壳和油茶饼粕等。

油茶的枝、叶、花、茎、根等部位富含生物活性物质，可用于提取油茶皂素、开发抗菌抗炎药品等。

油茶果壳是油茶果的外果皮，一般占油茶鲜果总质量的50%~60%，可分离出多种有效成分。果壳含多缩戊糖，水解后可生产糠醛，其可应用于合成树脂、涂料、医药等领域。果壳还可用于提取木糖醇，应用于食品制造、牙膏生产等行业。果壳中的纤维素、木质素等成分还可加工成膳食纤维。此外，还可用于生产栲胶、醋酸钠等化学产品。

油茶籽壳含有木质素，经炭化后可制备具有较高吸附能力的活性炭。其含有的油茶皂素、茶籽多糖、茶籽蛋白等多种营养成分，可作为栽培香菇、平菇和凤尾菇等食用菌的培养基。

油茶饼粕是指将油茶籽压榨制油后剩余的固体残渣，除含有油脂外，还有蛋白质、多糖、多酚、油茶皂素等物质。从饼粕中提取出的油茶皂素可以用于生产洗发剂、洗涤剂、消毒剂和清洁剂等系列产品，同时脱脂脱皂后的饼粕也可作为饲料，用于家禽及水产的养殖。

（一）油茶副产物的利用现状

油茶饼粕的主要用途包括两个方面：一是脱毒后用作饲料、肥料等，二是用于提取油茶皂素。据统计，很大一部分油茶饼粕未被加工利用而废弃，造成了资源浪费和环境压力。对于油茶果壳、油茶籽壳等的开发利用也不充分，亟须通过高值化技术开发手段提升产值。

2023年，中国油茶皂素总产量为2.8万吨，市场规模约45亿元。随着日化、医药、农业等领域的多元化需求持续增加，油茶皂素市场规模也在稳步扩大。在日化行业，尤其是对含油茶皂素的天然护肤品和洗涤产品的需求激增。由于油茶皂素具有抗菌、抗炎等特性，其在医药领域的应用也在逐步扩展。同时，含油茶皂素的生物农药推广，也在进一步推动市场增长。

（二）油茶副产物加工主要技术

1. 油茶果壳

油茶果壳中含有纤维素、半纤维素、木质素等成分，此外还含有皂苷、单宁、多糖等活性成分。油茶果壳的主要用途包括制备活性炭、复合膜材料和木塑复合材料。

利用油茶果壳制备活性炭的主要流程是在高温条件下加入活化剂（氢氧化钾、氢氧化钠、磷酸等）进行活化，从而得到比表面积高、吸附能力强的活性炭。广州晟启能源设备有限公司研发的复合热解机，通过缺氧热解技术将油茶果壳转化为高孔隙活性炭，油茶果壳利用率可达95%，实现废料到资源的高效转化。

提取油茶果壳中的纤维素用于制备复合纤维素膜材料是常见的应用方

式。果壳首先通过酸碱处理法去除木质素、半纤维素等杂质,再与其他材料进行复合,可制得具有良好拉伸延展性能的膜材料。

除膜材料外,油茶果壳经过机械粉碎处理后,可作为增强材料与塑料基体进行复合,通过热压、挤出、注塑等工艺制成木塑复合材料,具有广阔的市场前景。

2. 油茶籽壳

油茶籽壳是包裹油茶籽仁的种皮,含有大量粗纤维,以及原花青素、黄酮和多酚等活性物质。制取油茶籽油时需先将油茶果进行脱壳,脱下来的油茶籽壳可作为水解低聚木糖的原料,同时也可用于提取活性成分和棕色素、制备碳微球等。

从油茶籽壳中提取原花青素的方法多采用超声波提取法。将油茶籽壳粉碎后浸于提取溶剂中,利用超声波辅助提取。原花青素是一种天然抗氧化物质,被广泛应用于药品、保健食品和化妆品中。从油茶籽壳中提取原花青素,既能拓宽植物源原花青素的获取途径,又能为油茶副产物的高值化应用开辟新方向。

碳微球是新型碳材料,在锂离子电池电极材料、吸附材料、燃料电池催化剂载体和储氢材料等领域具有广泛应用。以油茶籽壳为碳源制备碳微球,一是我国油茶籽产量大,能够保证充足的原料来源;二是能够有效减少油茶籽壳废弃,实现变废为宝,提升油茶综合产值。

从油茶籽壳中提取棕色素,是油茶副产物高值化应用的创新途径。食用色素是重要的食品添加剂,天然食用棕色素主要源于可可壳和橡果壳。目前,国内天然棕色素大部分依赖进口,价格极高。油茶籽壳中的棕色素具有巧克力样色泽,且安全性良好。因此,开发油茶籽壳棕色素的提取技术有助于摆脱对进口色素的依赖,具有显著的市场应用前景。

3. 油茶饼粕

油茶饼粕是提取油茶皂素的主要原料。现有的提取技术包括热水浸提法、有机溶剂浸提法、生物酶处理技术、微波辅助技术、超声波辅助技术、超临界萃取技术等。

热水浸提法是最早用于提取饼粕中油茶皂素的方法。其原理是利用油茶皂素可溶于热水的特性，将油茶饼粕直接浸入热水中提取并收集油茶皂素。这种方法的优点在于操作简便，所用溶剂仅为水，易获取、成本低廉且无环境污染。但是由于长时间热水浸泡会导致油茶皂素水解变质，加上饼粕中其他水溶性物质也会溶出，从而增加油茶皂素的纯化难度。

有机溶剂浸提法是利用含水甲醇、含水乙醇、正丁醇等溶剂浸泡饼粕，以提取油茶皂素。与热水浸提法相比，该方法所需温度更低、提取时间更短，能够显著提升提取效率。

生物酶处理技术（即酶解法），是利用生物酶使物质酶解从而分离油茶皂素的一种方法，其优点是简单有效且对环境友好。常用酶制剂包括脂肪酶、纤维素酶、果胶酶、蛋白酶等。具体操作时，将酶制剂加入已调整pH值的油茶饼粕溶液中进行酶解，取部分溶液进行离心分离，得到上清液，再进行油茶皂素的提取。

微波辅助技术是以有机溶剂浸提法为基础，利用微波进行辅助提取的一种方法。油茶饼粕经过预处理后加入提取溶剂，置于微波提取仪进行油茶皂素的提取。由于微波具有较强的穿透性，可使饼粕内外快速、均匀加热，实现更高提取率。

超声波辅助技术同样是以有机溶剂浸提法为基础，利用超声波进行辅助提取的一种方法。油茶饼粕经过预处理后加入提取溶剂，置于超声波萃取仪中进行油茶皂素的提取。该方法利用超声波空化效应破坏细胞壁，促使细胞内活性成分完全释放，特别适用于油茶皂素的提取，具有提取时间短、溶剂消耗少、提取率高等优点。

超临界萃取技术与微波辅助、超声波辅助提取技术同属较为环保的新型天然产物提取技术。其原理是采用高压、高密度的超临界流体（通常为CO_2）作为溶剂，通过调节温度和压力，实现高效分离，且无溶剂残留。

第四节　从业人员情况

一、油茶产业从业人员规模

从全国范围来看，随着油茶种植面积的不断扩大和产业链条的持续延伸，从业人员规模呈现稳步增长态势。全国油茶经营主体主要分为小农户、家庭农场、专业合作社和种植企业，其中：小农户为2386335户、家庭农场为22811个、专业合作社为11144个、种植企业为3919个。油茶产业规模和产出都在持续增加，但总体来看，2023年经营主体数量相比2022年有所减少，体现了产业逐步优化整合，见表1-6。2024年，湖南省参与油茶产业生产经营的林农已达106万户350万人，户均年收入8818元。2024年，江西省油茶从业人员达410万人，人均增收超5800元。

表1-6　全国油茶经营主体数量

经营主体	2022年	2023年
小农户/户	2755457	2386335
家庭农场/个	50384	22811
专业合作社/个	11566	11144
种植企业/个	4262	3919

二、油茶从业人员结构

一是按产业环节划分。种植环节从业人员主要包括农民、种植大户、专业合作社等，主要负责油茶种植和抚育管护等工作。抚州市东乡区有油茶种植面积1000亩以上的龙头企业1家，600~1000亩的油茶种植大户7家。吉安市有36万人从事油茶产业，带动脱贫户12074户，覆盖脱贫人口42833人。加工环节从业人员以技术人员和工人为主。技术人员负责研发新工艺及设备，提升茶油的品质和附加值，工人则负责生产线操作。管理环节以管理人员为主，主要负责企业的日常运营和生产管理。销售环节包括销售人员、市场推广人员和电商运营人员，主要负责将茶油及相关产品推向市场，拓宽销售渠道，提高产品的市场占有率。技术服务环节由林业部门技术人员、科技服务团成员及高校和科研机构专家等组成，湖南省依托省林业科学院、中南林业科技大学等单位，组建油茶产业技术专家团队，常态化开展科技服务。

二是按学历层次划分。种植环节从业人员以初中及以下学历为主，多来自农村，实践经验丰富，但缺乏系统的专业知识。随着油茶产业的发展，越来越多的中专、大专学历的人员加入种植环节，他们通过参加技术培训和学习，逐渐掌握了先进的种植技术和管理方法，为油茶种植提供技术支持。加工、管理和销售环节中，大专及以上学历人员占比更高。其专业的知识背景和技能，能够推动油茶产业的升级发展。

三是按年龄结构划分。种植环节以中老年人为主，从业人员年龄普遍偏大。加工、管理和销售环节以中青年为主，从业人员年龄相对年轻，思维活跃，接受新事物能力强，能够快速适应新技术、新工艺和新的市场环境变化。

四是按性别结构划分。油茶产业从业人员以男性为主。随着油茶产业的发展，涌现出一批"油茶丽人"，如湖南湘纯农业科技有限公司的周奇志、广东星汇生物科技有限公司的骆碧群、湖南嘉津油茶科技有限公司的李林霞、浙江常山共享林事服务中心的王芳等，致力于油茶种植、加工、研发、销售及产业融合发展。

三、油茶从业人员素质技能

通过"引进来"和"走出去"相结合，油茶从业人员素质技能稳步提升。各地通过开展油茶技术培训和科技帮扶，有效提升从业人员的技能水平。江西省常态化开展油茶技术培训，全年培训超40万人次。2024年，湖南省举办全省油茶实用技术培训班3期，各县（市、区）举办培训班近百期，培训人员超过1万人次。广西三江侗族自治县2024年开展油茶基地现场培训48期，培训2502人次。四川绵阳、达州等地开展油茶标准化栽培技术培训。培训内容涵盖油茶政策、油茶种植、后期管护、病虫害防治、整形修剪、加工技术等。通过培训，从业人员掌握了油茶种植、管理和加工技能，为油茶产业的发展提供有力的技术支持。此外，各地政府、林业主管部门还组织油茶从业人员"走出去"，学习先进经验，培养了一批懂技术、会管理的技术人才，为油茶产业的持续发展、良性发展奠定了坚实基础。

四、油茶从业人员发展趋势

随着油茶产业向智能化、集约化发展，从业人员结构将持续优化。今后，无人机监测、水肥一体化管理等技术型人才和电商直播、文旅创建等新兴岗位的油茶从业人员数量将显著增加。

第五节　市场动态分析

一、茶油价格指数

根据新华·中国油茶产品价格指数（常山发布），全国油茶价格指数从2024年1月5日的984.35小幅下降至2024年1月20日的968.94，随后回升至2024年2月20日的978.37，总体呈现"先降后升"的波动趋势，但最终仍略低于初始价格水平。

2024年1月5日至2月20日，湖南的茶油价格指数先降后升，最终显著高于初始值（+3.4%），这反映后期需求回暖或供应趋紧。江西的茶油价格指数持续下跌，跌幅达7.6%。广西的茶油价格指数完全稳定（1254.55），显示极强的价格刚性。浙江的茶油价格指数逐期下降，跌幅2.9%。安徽的茶油价格指数前两期持平（818.18），末期大幅上升至868.83（+6.2%），显示后期市场明显回暖。广东的茶油价格指数价格波动较大。

二、茶油产业营销情况

对比2023年，2024年茶油产业营销情况具体如下：

一是认知角度。2024年，消费者对油茶产品的认知提升。抖音"藏在茶油里的轻烟美食"活动，相关话题登上抖音热搜总榜第1名、种草榜第1名，大幅提升了茶油的知名度。健康消费趋势推动茶油从"普通食用油"向"营养健康产品"转型。根据艾媒咨询（iiMedia Research）调研显示，超过半数的消费者关注过山茶油营养成分（56.9%）和配料纯净度（56.7%）。

二是产品类型。2023年，茶油产品类型以食用油和护肤品为主，其中食用油占比较大，约为61%，护肤品占39%。2024年，产品类型更加丰富。湖南大三湘茶油股份有限公司开发护肤、护发等红茶果系列产品，黔东南州推出精油、油茶皂素、日化品等加工品，江西支持企业研发油茶化妆品、保健食品等精深加工产品。

三是品牌建设。湖南、江西、广西、广东等地构建起以"湖南茶油""江西山茶油""广西山茶油""粤林茶油"等省级公用品牌，形成区域公用品牌与企业品牌协同体系。湖北"麻城茶油"入选2024年"荆楚品牌培育工程"，品牌价值达9.57亿元。多地通过央视广告、文化节等活动强化宣传，如湖南省株洲市攸县提出"攸县茶油、健康好油"口号，提升品牌影响力。

四是销售范围。随着各省公用品牌的打造与营销，2024年，茶油产品销售至北京、上海等一线城市。此外，电商平台和物流网络，推动产品覆盖至全国更多地区。

五是销售渠道。2024年，茶油产品销售渠道多元化。除传统渠道外，各地积极搭建线上线下融合的销售平台。湖南长沙举办油茶产业产销对接会，24家企业现场签约1.1亿元。江西与电商平台合作，开设"江西山茶油"旗舰店，并在南昌及一线城市开设线下体验店。抖音等平台加大对油茶商家的扶持力度，通过举办活动、提供流量激励等方式，促进油茶产品的线上销售。

六是市场秩序。2024年，各地加强市场监管，规范市场秩序。江西赣州出台

《赣南茶油地理标志产品保护管理办法》等相关管理办法,组织市场监管部门开展油茶领域的监督检查,维护品牌形象。

第六节　几点启示

一是强化政策引导。中央和地方在政策、资金、技术等方面的持续支持,推动油茶种植面积快速扩大和低产林改造提质增效。二是强化科技创新。通过推广应用无人机辅助授粉、水肥一体化等技术,以及新品种和良种应用,油茶产量创历史新高。在加工领域,微波调质联程热榨等制油工艺的应用,显著提升了生产效率和产品品质。三是强化副产物高值化利用。油茶果壳可制备活性炭与复合膜材料,油茶籽壳中可提取原花青素、棕色素,油茶饼粕中提取的油茶皂素已应用于日化、医药等领域。四是加强从业人员结构优化。当前,种植环节仍以中老年群体为主,加工、销售环节则呈现逐步年轻化、专业化趋势。五是强化产品营销。产品类型逐步多样化,品牌建设取得突破,销售渠道多元拓展,市场秩序更加规范。

第二章

油茶产业发展外部环境

2024年我国油茶产业发展外部环境总体向好，"十四五"以来国家制定的各项促进油茶产业发展的保障措施持续落实，其中2024年中央一号文件中明确了扩大油茶面积，支持发展油茶等特色油料，为油茶产业持续高质量发展提供了坚强政策保障。

第一节　政策环境

一、国家层面对油茶产业的促进政策

（一）国务院办公厅发布关于践行大食物观构建多元化食物供给体系的意见

2024年9月12日，《国务院办公厅关于践行大食物观构建多元化食物供给体系的意见》发布，提出因地制宜扩大油茶、油橄榄、仁用杏等木本油料种植面积，实施加快油茶产业发展行动，建设高标准油茶生产基地，改造提升低产林。

（二）2024年财政部、国家林草局继续实施中央财政油茶产业发展示范奖补政策

2024年，国家聚焦"打基础、补短板、树典型、抓推广、强绩效"，从扩大油茶种植规模和打造油茶产业发展示范高地两方面发力，支持油茶"扩面""提产"，促进油茶产业升级，继续实施中央财政油茶产业发展示范奖补政策。

（三）国家林业和草原局等三部门印发《生态产品目录（2024年版）》

油茶被列入《生态产品目录（2024年版）》，归类为三级目录中的木本油料，隶属林产品（二级目录），属物质供给类生态产品（一级目录）。

二、地方政府层面对油茶产业的促进政策

（一）湖南省

1. 省级层面

（1）中央财政油茶产业发展示范奖补项目配套政策

2024年，株洲市和永州市获得中央财政油茶产业发展奖补政策补助，总额10亿元。其中：株洲市奖补项目总投资为10.8亿元，申请中央财政奖补资金5亿元，省级财政配套补助资金1亿元；永州市奖补项目总投资为10.48亿元，申请中央财政奖补资金5亿元，省、市（县）配套补助资金2亿元。

（2）湖南省林业局印发《湖南省油茶种苗质量管理办法》

一是明确了油茶种苗生产供应原则。油茶种苗生产供应推行"定点采穗、定点育苗、定单生产、定向供应"和"品种清楚、种源清楚、销售去向清楚"的原则。二是规定了油茶采穗圃、油茶苗木生产单位等的基本条件。包括应具备符合土地利用相关规定的土地权属、生产规模、建圃材料、档案管理、专业技术人员、设施设备、生产经营许可等基本条件。三是严格了监督管理。县级以上林业主管部门负责本辖区内油茶种苗质量的监督管理工作，组织开展油茶种苗质量抽检，不定期公布油茶种苗质量抽查结果。

2. 市（县）层面

（1）湖南永州市

从2024年起永州市将连续5年每年统筹财政资金2000万元，重点用于油茶产业科技创新和品种改良。对新建100亩以上的高标准油茶种植基地按不低于2000元/亩的标准给予资金补助，对其他新造油茶林按不低于1000元/亩的标准予以资金补助，改造油茶低产林按不低于600元/亩的标准给予资金补助。

（2）湖南株洲市

株洲市茶陵县调整油茶新造林补助标准为1000元/亩，分3年3次拨付：第一年验收合格后拨付600元/亩，第二年验收合格后再拨付300元/亩，第三年验收合格后拨付剩余的100元/亩。同时对油茶低产林进行改造，油茶果初

加工、精深加工，茶籽仓储，油茶林灌溉、作业道修建等其他项目，验收合格后一次性拨付补助资金。

（二）江西省

1.省级层面

（1）全产业链扶持政策

2024年，江西省以《江西省推动油茶产业高质量发展意见》《江西省山茶油发展条例》《江西省推动油茶产业高质量发展三年行动计划（2023—2025年）》为指引，统筹13亿元财政资金支持油茶产业链高质量发展。

在油茶一产上，江西省林业局出台规范性指南文件，明确提高油茶产业资金补助标准，其中新造林资金补助标准为1000元/亩，低产林改造资金补助标准为600元/亩，验收合格后均为一次性发放。在油茶二产上，江西省在全省范围内组织实施油茶产业高质量发展重点项目，其中高产油茶科技综合示范站项目资金补助标准为200万元/个，油茶果初加工与茶籽仓储交易中心建设项目资金补助标准为100万元/个，油茶服务中心建设项目的资金补助标准为50万元/个，山茶油小作坊改造提升项目资金补助标准为50万元/个，油茶三产融合发展项目资金补助标准为100万元/个，高产油茶示范基地建设项目资金补助标准为50万元/个。在油茶三产上，江西省指导成立公益性机构——江西山茶油服务中心，并注册"江西山茶油发展中心"商标，组织修订江西山茶油团体标准，推进品牌标准化、高端商品渠道建设。

（2）中央财政油茶产业发展示范奖补项目配套政策

2024年，赣州市成功申请到2024年度的中央财政油茶产业发展示范奖补项目，省级财政按照项目实施方案中要求的配套比例进行配套扶持。

（3）其他金融政策

2024年，江西省林业局联合省金融监管局制定出台了油茶金融服务方案，引导全省金融机构推出油茶专属贷款产品，其既贴合了油茶生产加工企业的实际现状，又适配油茶种植户的长周期、低息融资需求，有效缓解了油茶企业和林农的融资难题。江西省针对油茶企业信息渠道不畅的特点，在"赣金普惠"

平台上开设了油茶产业专区，在江西联合股权交易中心设立"油茶特色板"，为油茶生产加工企业提供融资服务。2024年，江西省继续在全省范围内实施油茶保险政策，省、市、县三级财政按比例对油茶生产加工企业和林农进行补贴。2024年江西省油茶林投保面积达到了1076万亩，保额达136.8亿元。

2. 市（县）层面

（1）吉安市

吉安市所辖县区均出台了系列补助政策，其中，吉州区在中央财政资金补助的基础上，区级财政实施配套补助，补助标准为：油茶新造林200元/亩，低产林改造100元/亩，水肥一体化100元/亩。安福县级财政对油茶资源培育实施额外的资金补助，具体标准为：油茶新造林补助500元/亩，低产低效林改造补助800元/亩。万安县对符合造林要求的油茶新造林每亩追加200元补助，低改林每亩追加100元补助。峡江县对集中连片50亩以上的油茶新造基地，额外追加补助300元/亩，分3年发放到位。

（2）赣州市

瑞金市对按《江西省油茶资源高质量培育建设指南（修订）》标准建设且验收合格的油茶新造林，第一年发放省级补助资金1000元/亩和赣州市级配套补助资金100元/亩，第二年和第三年分别发放市本级配套补助资金200元/亩。赣州市经济技术开发区印发了《赣州经济技术开发区2024年油茶产业发展实施方案》，明确提出重点支持面积在200亩以上的油茶新造林、100亩以上的油茶低产林的基础设施建设。章贡区统筹区级配套资金对符合造林技术要求的油茶新造林在上级补助资金的基础上额外给予1200元/亩的资金补助，分4年发放；对油茶低改林额外给予400元/亩的资金补助，分2年发放。

（3）上饶市

在《上饶市林业局 上饶市财政局关于印发支持上饶市2024年度一年生油茶良种壮苗补助办法的通知》中，明确对2024年培育的符合标准要求的一年生油茶嫁接容器苗，原则上一次性补助每株不超过0.8元，补助数量不少于625万株，补助总资金为500万元。上饶市出台《推动油茶产业高质量发展的实施方案》和《油茶产业高质量发展年度考核办法》，将油茶产业发展纳入林长制考核内容。市本级每年安排油茶专项资金400万元，用于支持油茶产业全链条发展。出台《上饶市"惠农油茶贷"贷款管理办法》，研发"惠农油茶贷"专项产品，有效解决油茶产业链上各类主体资金短缺问题。

上饶市广信区统筹乡村振兴资金，对2024—2025年相对集中连片100亩以上的高质量油茶新造林经营主体，造林当年叠加发放资金补助400元/亩，次年发放资金补助300元/亩。上饶市婺源县加大财政支持力度，对油茶新造林额外配套补助400元/亩，分2年发放；对单个经营主体纳入省级低改林和提升林补助面积达到300亩以上的，县级财政额外给予低改林200元/亩、提升林100元/亩的资金补助。

（4）宜春市

宜春市2024年继续加大油茶金融服务政策保障力度。优化"财园信贷通""财农信贷通""科贷通"等金融产品，探索推出"油茶贷"等绿色金融产品，累计发放油茶金融贷款2.58亿元。对市辖区内的山茶油加工小作坊升级改造按照15万元/个给予奖补，并将油茶生产机械纳入农机补贴范畴。宜春市袁州区每年安排预算1000万元用于支持油茶产业发展。对符合条件的油茶经营主体给予每年最高贷款5000万元的贴息扶持，并整合乡村振兴衔接资金400万元，按5年每亩2000元的标准用于村级合作社建设村级油茶高产示范基地。对油茶保险予以贴补，其中区财政承担75%的保费，农户仅需缴纳25%。宜春丰城市制定出台《丰城市支持油茶产业高质量发展八条措施（2024—2026年）》，每年安排600万元财政资金用于支持油茶产业发展。

（5）其他市（县、区）

九江市自2024年起设立油茶产业发展市级奖补资金，连续3年每年500万元用于扶持油茶产业发展。新余市出台《推动油茶产业高质量发展2023—2025年实施方案》，在政策、资金、用地等方面全力支持实施好41个重点项目，统筹市本级财政资金280万元，用于高产油茶示范基地、油茶产业融合与数字化基地、油茶服务中心与山茶油加工小作坊升级改造等建设。

（三）广西壮族自治区

1. 省级层面

（1）油茶资源扩面提质

广西壮族自治区林业局印发《2024年全区加快油茶产业发展实施方案的通知》，详细阐述了总体思路、主要目标、重点任务和保障措施。主要目标包括完成油茶新造林84.6万亩和低产林改造45万亩，同步推进挖掘、提升传统产区油茶产能潜力和扩大新兴产区油茶资源面积，支持国有林场、油茶企业和大户建设高标准油茶示范基地。在推动油茶资源扩面提质的同时，积极落实技术服务保障制度，严格执行新版油茶行业标准，组建县乡技术推广团队，推广油茶整形修剪、科学施肥、机械化作业等新技术、新方法，推动油茶园艺化栽培管理。

（2）种苗质量保障

2024年，广西严格保障优良种苗供应，严格执行"三个百分百"标准，即100%良种、100%大杯苗、100%花果苗，计划供应2年生以上良种大杯苗6000万株以上，进一步强化油茶种苗的供应与管理。

（3）油茶产业链延伸

2024年，广西进一步扶持油茶果烘干、脱壳、仓储等基础设施建设，建立收储服务网点，推广油茶籽分选销售制度，支持油茶加工企业加大油茶精深加工产品的研发力度，提升产品附加值。

（4）用地保障与资金保障

2024年，广西进一步优化林地流转制度，允许将部分公益林调整为商品林用于油茶种植，整合乡村振兴资金和金融信贷产品以支持油茶产业发展。

（5）中央财政油茶产业发展示范奖补项目配套政策

2024年，广西河池市、百色市分别获得中央财政油茶产业发展示范奖补项目资助，项目财政资金均为6亿元，自治区财政分别对河池市、百色市配套支持1亿元和1.79亿元，用于支持油茶全产业链发展。同时，针对2023年柳州市获得中央财政油茶产业发展示范奖补项目，自治区财政配套支持2亿元，用于支持油茶果烘干、脱壳等初加工设施建设，推动精深加工产品开发，组织企业参加油茶交易博览会，支持企业获得有机、绿色食品认证，产业链后端快速发展。

2. 市（县）层面

河池市人民政府办公室于2024年8月印发《河池市促进油茶产业一二三产联融助推高质量发展的若干措施》，提出市本级每年统筹资金用于支持油茶加工企业贷款贴息、技术改造，每年各县（区）投入不少于500万元，重点推动油茶精深加工示范产业园建设，支持食用油、医药用油、化妆品等衍生产品的研发。

（四）浙江省

1. 省级层面

《浙江省油茶产业发展三年行动方案（2023—2025年）》提出：到2025年全省完成新增油茶林63.1万亩、低产林改造51万亩，允许在省级公益林（非一级水源保护区且不在生态红线范围内）内种植油茶，支持25°以上地坡低改。文件鼓励村集体统一流转土地实施规模化、集约化经营，推广"企业+合作社+农户"经营模式与入股分红机制，通过提高油茶新造林资金补助标准等多种措施，激活调动各类油茶经营主体的主观能动性和积极性。为规范高标准油茶新造林，浙江省林业局出台《浙江省油茶新种与低产林改造技术指南》，对油茶新造林每一关键技术环节进行了规范和明确。

2. 市（县）层面

《婺城区油茶产业发展三年行动方案（2023—2025年）》中提出：以琅琊镇、塔石乡2个乡镇为核心，充分发挥油茶资源优势和产业特色，有序推动油茶造林，扩大种植规模，全面深化油茶产品加工，延伸产业链，加强经营主体建设，促进一二三产业融合发展，构建"生产、加工、服务一体化，市场销售、品牌建设、特色宣传同步跟进"的油茶产业发展大格局，做大做强婺城山茶油特色产业。到2025年要建成油茶面积在1万亩以上的乡镇1个，0.5万~1万亩的乡镇1个，0.5万亩的乡镇6个。统筹资金加大对油茶新造林的补助力度，其中油茶新造林验收合格后当年补助2000元/亩，次年给予抚育补助500元/亩，连续补助4年；对油茶基地道路设施建设，按照5万元/千米的标准进行补助；对茶籽初加工的经营主体按照30元/50千克的标准给予补贴；对经营主体年产茶油2吨以上的，根据不同产量标准给予2万~5万元奖励；对线上销售山茶油数量5吨以上的，根据销量不同给予5万~10万元奖励。

（五）广东省

广东省林业局、广东省财政厅2024年印发《关于实施绿美广东生态建设油茶营造财政支持政策的通知》，建立油茶营造分类、分档奖补机制，油茶低改项目按每亩600元的标准予以奖补，油茶新造项目、中央财政油茶产业示范项目按每亩1000元的标准予以奖补，油茶高产高效示范基地项目按每亩2000元的标准予以奖补。

（六）贵州省

根据《贵州省加快油茶产业发展实施方案（2023—2025年）》，其主要的政策措施包括：将油茶发展责任纳入市（州）县（市、区）推动高质量发展绩效评价考核，强化地方政府责任；支持省内16个国家油茶生产重点县建设，优先倾斜项目资金；推广《贵州省油茶种植基地建设项目管理办法》，规范基地建设标准；出台《贵州省"贵林贷"金融产品支持油茶产业高质量发展措施》，通过年贴息率不高于3%的贷款贴息，引导金融资本投入油茶种植、加工及基础设施建设中。贵州省黔东南州出台《黔东南州"6个100万"提升工程油茶产业发展三年行动方案（2023—2025年）》，整合乡村振兴衔接资金、农业产业基金等来支持高质量基地建设，将油茶新造、低改和抚育的资金补助标准分别提高到1000元/亩、600元/亩和200元/亩。

（七）河南省

2024年，河南省信阳市成功申请中央财政油茶产业发展示范奖补项目。为顺利推动完成项目，河南省统筹整合省级财政资金和社会资本，支持油茶低产林改造、加工能力提升、品牌建设及科技研发，鼓励企业兼并重组，对实际出资额在1亿元以上的企业给予100万元奖励。积极推动"信阳茶油"参与河南省公共品牌评价认定，打造竞争力强的区域品牌，对创建国家林业产业（油茶）示范园区、现代农业产业园等主体，给予最高奖励100万元。

第二节　技术环境

一、品种创制

（一）审（认）定的良种

2024年全国新审定或认定油茶良种21个，主要集中在湖南、广东和四川三省。中南林业科技大学培育出"德油"系列3个高产油茶良种，具有果大、皮薄、高产等特性，其中，代表性品种为'德油2号'。广东省审（认）定16个高州油茶良种，如'粤华1号'、'湾誉1号'、"悦木"系列高州油茶、"蟠龙"高州油茶和"美林"高州油茶等。四川新增认定油茶良种2个。

1. '德油2号'（湘R-SC-CO-015-2023）

'德油2号'是以湖南优良农家品种攸县油茶'攸杂2'为母本、普通油茶'华硕'为父本的远缘杂交品种，2024年3月通过湖南省林木良种认定。

该良种树冠圆头形，树体矮小，叶椭圆形，花期为11月初至12月上旬，次年10月下旬果实成熟，平均单果重56.93克，果皮平均厚度为2.82毫米，鲜果出籽率为60.92%，种仁出油率可达43.09%，油酸含量可达77.3%，亚油酸含量可达8.96%，高接换冠第5年后平均产油可达76.42千克/亩。栽植造林时，需配置'德油4号'或'德油3号'作为授粉品种，带状或块状整地，大穴大肥栽植，适宜在湖南油茶栽培区推广种植。

2. '德油3号'（湘R-SC-CO-016-2023）

'德油3号'是以湖南优良农家品种攸县油茶'攸杂2'为母本、普通油茶'华硕'为父本的远缘杂交品种，2024年3月通过湖南省林木良种认定。

树冠圆柱形，树形直立，叶椭圆形，花期为11月上旬至12月上旬，次年10月下旬果实成熟，平均单果重35.84克，果皮平均厚度3.12毫米，鲜果出籽率可达54.77%，种仁出油率可达43.62%，油酸含量可达76.8%，亚油酸含量可达9.55%，高接换冠第5年后平均产油可达62.48千克/亩。栽植造林时，需要配置

'德油2号'或'德油4号'作为授粉品种,带状或块状整地,大穴大肥栽植,适宜在湖南油茶栽培区推广种植。

3. '德油4号'（湘 R–SC–CO–017–2023）

'德油4号'是以湖南优良农家品种攸县油茶'攸杂2'为母本、普通油茶'华硕'为父本的远缘杂交品种,2024年3月通过湖南省林木良种认定。

树冠塔形,树形直立,叶椭圆形,花期为11月中旬至12月下旬,次年10月下旬果实成熟,平均单果重43.55克,果皮平均厚度2.84毫米,鲜果出籽率可达57.26%,种仁出油率可达42.5%,油酸含量可达78.4%,亚油酸含量可达7.95%,高接换冠第5年后平均产油可达66.51千克/亩。栽植造林时,需要配置'德油2号'或'德油3号'作为授粉品种,带状或块状整地,大穴大肥栽植,适宜在湖南油茶适宜栽培区推广种植。

4. '粤华1号'（粤 S–SC–CO–022–2024）

'粤华1号'是由华南农业大学选育的油茶良种,该良种具有树冠开张、丰产稳产、果皮薄、含油率高、油质优良、抗病性强、适生性强等特点。'粤华1号'平均单果重为30.7克,鲜果出籽率为49.36%,干果出籽率为26.2%,种仁含油率为45.3%,油酸含量85.36%,单位亩产茶油54千克。

'粤华1号'适宜在广东省油茶栽培区进行推广种植。可选择海拔100~500米的低山、丘陵,土层厚度60厘米以上、pH值为弱酸性或中性土壤,需按照8:2的比例配置'岑软3号'或'湘林1号'作为授粉品种。

5. '湾誉1号'高州油茶（粤 S–SC–CG–023–2024）

'湾誉1号'高州油茶是由广东省林业科学院选育的油茶良种,该良种具有早实、稳产、丰产、油质好、抗逆性强、适应性广等特点。其鲜果出籽率为47%,油酸含量达79.5%,亩产茶油63.57千克。果熟期在霜降至立冬期间。

'湾誉1号'高州油茶适宜在广东省北纬24.5°及以南地区栽培种植。造林时需配置高州油茶品种作为授粉品种。

6. '湾誉2号'高州油茶（粤 S–SC–CG–024–2024）

'湾誉2号'高州油茶是由广东省林业科学院选育的油茶良种,该良种具有早实、稳产、丰产、油质好、抗逆性强、适应性广等特点。其鲜果出籽率为34.9%，油酸含量达79.9%，平均亩产茶油68.2千克。果熟期在霜降至立冬期间。

'湾誉2号'高州油茶适宜在广东省北纬24.5°及以南地区栽培种植。造林时需配置高州油茶品种作为授粉品种。

7. '湾誉3号'高州油茶（粤S-SC-CG-025-2024）

'湾誉3号'高州油茶是由广东省林业科学院选育的油茶良种，该良种具有稳产、丰产、油质好、抗逆性强、适应性广等特点。其鲜果出籽率为41.47%，油酸含量达80.5%，平均亩产茶油57.15千克。果熟期在霜降至立冬期间。

'湾誉3号'高州油茶适宜在广东省北纬24.5°及以南地区栽培种植。造林时需配置高州油茶品种作为授粉品种。

8. '湾誉4号'高州油茶（粤S-SC-CG-026-2024）

'湾誉4号'高州油茶是由广东省林业科学院选育的油茶良种，该良种具有稳产、丰产、油质好、抗逆性强、适应性广等特点。其鲜果出籽率为46%，油酸含量达80%，平均亩产茶油50.67千克。果熟期在霜降至立冬期间。

'湾誉4号'高州油茶适宜在广东省北纬24.5°及以南地区栽培种植。造林时需配置高州油茶品种作为授粉品种。

9. '湾誉5号'高州油茶（粤S-SC-CG-027-2024）

'湾誉5号'高州油茶是由广东省林业科学院选育的油茶良种，该良种具有稳产、丰产、油质好、抗逆性强、适应性广等特点。其鲜果出籽率为36.5%，油酸含量达82.6%，平均亩产茶油62.51千克。果熟期在霜降至立冬期间。

'湾誉5号'高州油茶适宜在广东省北纬24.5°及以南地区栽培种植。造林时需配置高州油茶品种作为授粉品种。

10. '悦木79号'高州油茶（粤S-SC-CG-028-2024）

'悦木79号'高州油茶是由仲恺农业工程学院选育的油茶良种，该良种生长量中等，大果型，籽粒饱满，具有鲜果出籽率高、结实率高、适应性广、稳产性高等特点。平均单果重66.94克，鲜果出籽率达46.53%，单株产量在

11.25~52.5千克，平均亩产茶油约38.3千克，果熟期在霜降至立冬期间。适宜在广东省北纬24.5°及以南地区栽培种植。造林时需配置高州油茶"悦木"系列或'岑软3号'作为授粉树，配置比例为10∶1。

11.'悦木103号'高州油茶（粤S-SC-CG-029-2024）

'悦木103号'高州油茶是由仲恺农业工程学院选育的油茶良种，该良种高产稳产、中大型果，果实底部圆形或稍凹陷，果实全部为三裂，抗病虫抗风、适应性强。平均单果重55.47克，鲜果出籽率达31.24%，单株产量在12.4~42.5千克，平均亩产茶油约44.24千克，果熟期在霜降至立冬期间。适宜在广东省北纬24.5°及以南地区栽培种植。造林时需配置高州油茶"悦木"系列或'岑软3号'作为授粉树，配置比例为10∶1。

12.'悦木201号'高州油茶（粤S-SC-CG-030-2024）

'悦木201号'高州油茶是由仲恺农业工程学院选育的油茶良种，该良种树冠开阔，单果近圆形、三裂、痕内陷，底部钝尖嘴呈褶皱状，果实光照面局部红色，中果型，适应能力强，抗风能力优良，稳产性高。平均单果重59.63克，鲜果出籽率达30.76%，单株产量在14.1~59千克，平均亩产茶油约43.51千克，果熟期在霜降至立冬期间。适宜在广东省北纬24.5°及以南地区栽培种植。造林时需配置高州油茶"悦木"系列或'岑软3号'作为授粉品种，配置比例为10∶1。

13.'悦木307号'高州油茶（粤S-SC-CG-031-2024）

'悦木307号'高州油茶是由仲恺农业工程学院选育的油茶良种，该良种果肉颜色独特，生长量中等，中大型果，具有适应性广、抗病虫能力强、抗风能力优良、稳产性高等特点。平均单果重43.22克，鲜果出籽率达30.19%，单株产量在8.58~21.36千克，平均亩产茶油约38.77千克，果熟期在霜降至立冬期间。适宜在广东省北纬24.5°及以南地区栽培种植。造林时需配置高州油茶"悦木"系列或'岑软3号'作为授粉品种，配置比例为10∶1。

14.'蟠龙3号'高州油茶（粤S-SC-CG-032-2024）

'蟠龙3号'高州油茶是由华南农业大学选育的油茶良种，为立冬籽类群，抗病虫害能力强。该良种平均单果重为76克，鲜果出籽率为30.78%，干果出籽率为19.01%，种仁含油率为50.01%，鲜果含油率为5.98%，亩产茶油53.67千克。适宜在广东省除粤北长期霜冻结冰山区以外的其他油茶栽培区推广种植。

15.'蟠龙5号'高州油茶（粤 S-SC-CG-033-2024）

'蟠龙5号'高州油茶是由华南农业大学选育的油茶良种，为立冬籽类群，抗病虫害能力强。该良种平均单果重为77克，鲜果出籽率为30.18%，干果出籽率为21.07%，种仁含油率为52.98%，鲜果含油率为5.9%，单位亩产茶油50.58千克。适宜在广东省除粤北长期霜冻结冰山区以外的其他油茶栽培区推广种植。

16.'美林1号'高州油茶（粤 R-SC-CG-003-2024）

'美林1号'高州油茶是由广东美林农业投资发展有限公司和中南林业科技大学联合选育的油茶良种，该认定品种花期为11月下旬至次年1月上旬，次年11月下旬果实成熟。平均单果重122.51克，鲜果出籽率为50.55%，种仁含油率为45.2%，油酸含量为78.66%，亚油酸含量为8.05%，种植第6年后平均亩产茶油可达57.21千克。适宜在广东省北纬24.5°及以南地区栽培种植。造林时需配置'美林2号'和'美林3号'作为授粉品种，配置比例为4∶1。

17.'美林2号'高州油茶（粤 R-SC-CG-004-2024）

'美林2号'高州油茶是由广东美林农业投资发展有限公司和中南林业科技大学联合选育的油茶良种，该认定品种花期为12月初至次年1月中旬，次年11月下旬果实成熟。平均单果重155.77克，鲜果出籽率为42.85%，种仁含油率为44.62%，油酸含量为78.28%，亚油酸含量为8.76%，种植第6年后平均亩产茶油可达55.43千克。适宜在广东省北纬24.5°及以南地区栽培种植。造林时需配置'美林1号'和'美林4号'作为授粉品种，配置比例为4∶1。

18.'美林3号'高州油茶（粤 R-SC-CG-005-2024）

'美林3号'高州油茶是由广东美林农业投资发展有限公司和中南林业科技大学联合选育的油茶良种，该认定品种花期为11月初至次年1月中上旬，次年11月下旬果实成熟。平均单果重114.82克，鲜果出籽率为44.27%，种仁含油率为45.22%，油酸含量为82.52%，亚油酸含量为5.23%，种植第6年后平均亩产茶油可达52.34千克。适宜在广东省北纬24.5°及以南地区栽培种植。造林时需配置'美林1号'和'美林4号'作为授粉品种，配置比例为4∶1。

19.'美林4号'高州油茶（粤R-SC-CG-006-2024）

'美林4号'高州油茶是由广东美林农业投资发展有限公司和中南林业科技大学联合选育的油茶良种，该认定品种花期为11月中下旬至次年1月上旬，次年11月下旬果实成熟。平均单果重110.52克，鲜果出籽率为35.31%，种仁含油率为46.35%，油酸含量为78.83%，亚油酸含量为7.73%，种植第6年后平均亩产茶油可达51.76千克。适宜在广东省北纬24.5°及以南地区栽培种植。造林时需配置'美林2号'和'美林3号'作为授粉品种，配置比例为4∶1。

20.'岑软3号'油茶（川R-ETS-CO-007-2024）

四川省林业和草原局发布《2024年度林木良种名录》，认定'岑软3号'油茶为引种驯化品种。该品种主干较明显，树高2.1~4.1米，枝条短小，冠幅较紧凑，分枝层次分明。花期为10月下旬至11月下旬，花白色，果实10月中下旬成熟，蒴果呈不规则球形或梨形，果皮青红色或青黄色。鲜果出籽率为40.17%，鲜果含油率为8.02%，种仁含油率为53.74%。造林后第5年可进入盛产期，单株平均鲜果产量为8.17千克。适宜在四川盆地南部、西南部和川中丘陵低山区及相似生态区的油茶适宜栽培区推广种植。造林时需配置其他花期一致的3个以上无性系品种混合造林。

21.'腾冲1号'红花油茶（川R-ETS-CR-008-2024）

四川省林业和草原局发布《2024年度林木良种名录》，对'腾冲1号'红花油茶进行认定，良种类别为引种驯化品种。该认定品种花期为11月至次年2月，花红色，花径6~10厘米，果实10月中下旬成熟，形如柚子，单果重0.4~1.0千克，内含茶籽20~31粒，单株平均鲜果产量为40.4千克，种仁含油率为52.6%，盛产期亩产油量可达118.6千克，具有丰产、稳产特性。适宜在四川盆地南部、西南部和川中丘陵低山区及腾冲红花油茶适宜栽培区种植。造林时需配置其他花期一致的3个以上无性系品种混合造林。

（二）授权新品种

根据国家林业和草原局公告（2024年第12号）（2024年第一批授予植物新品种权名单）和国家林业和草原局公告（2024年第16号）（2024年第二批授予植物新品种权名单），2024年度共授权油茶新品种30个，见表2-1。

表2-1　油茶新品种

序号	品种名称	所属属（种）	品种权号	品种权人
1	保油9号	山茶属	20240071	保山市林业和草原技术推广站、腾冲市沙坝国有林场、大理大学
2	霜降硕果	山茶属	20240072	保山市林业和草原技术推广站、腾冲市林业和草原技术推广站、大理大学
3	安林	山茶属	20240193	广西壮族自治区林业科学研究院、广西益元油茶产业发展有限公司
4	安汕	山茶属	20240194	广西壮族自治区林业科学研究院、广西益元油茶产业发展有限公司
5	安赢	山茶属	20240195	广西壮族自治区林业科学研究院、广西益元油茶产业发展有限公司
6	安发	山茶属	20240196	广西壮族自治区林业科学研究院、广西益元油茶产业发展有限公司
7	义娟	山茶属	20240197	广西壮族自治区林业科学研究院
8	义雄	山茶属	20240198	广西壮族自治区林业科学研究院
9	义校	山茶属	20240199	广西壮族自治区林业科学研究院
10	洛丽	山茶属	20240200	广西壮族自治区林业科学研究院
11	义莹	山茶属	20240201	广西壮族自治区林业科学研究院
12	义燕	山茶属	20240202	广西壮族自治区林业科学研究院
13	义润	山茶属	20240203	广西壮族自治区林业科学研究院
14	岑曦	山茶属	20240204	广西壮族自治区林业科学研究院
15	灿烂	山茶属	20240205	广西壮族自治区林业科学研究院
16	安元	山茶属	20240206	广西壮族自治区林业科学研究院、广西益元油茶产业发展有限公司
17	安高	山茶属	20240207	广西壮族自治区林业科学研究院、广西益元油茶产业发展有限公司
18	绿悠	山茶属	20240208	广西壮族自治区林业科学研究院
19	义娅	山茶属	20240209	广西壮族自治区林业科学研究院
20	湘玫2	山茶属	20240280	湖南省林业科学院

续表

序号	品种名称	所属属（种）	品种权号	品种权人
21	粉悦潇湘	山茶属	20240292	湖南省林业科学院
22	湘水情缘	山茶属	20240322	湖南省林业科学院
23	湘水人家	山茶属	20240323	湖南省林业科学院
24	德油5号	山茶属	20240324	中南林业科技大学
25	德油6号	山茶属	20240325	中南林业科技大学
26	德油7号	山茶属	20240326	中南林业科技大学
27	霓裳	山茶属	20240335	河南省林业科学研究院、河南省商城县林业科学研究所
28	保油11号	山茶属	20240771	保山市林业和草原技术推广站、腾冲市沙坝国有林场
29	保油10号	山茶属	20240772	保山市林业和草原技术推广站、龙陵县三江口国有林场、腾冲市林业和草原技术推广站
30	保油12号	山茶属	20240773	腾冲市沙坝国有林场、保山市林业和草原技术推广站

二、育种技术

随着高通量测序技术的突破性进展，我国科研团队相继完成油茶全基因组测序项目，系统解析了油脂合成等关键基因簇的表达调控网络。中国林业科学研究院亚热带林业研究所姚小华研究员团队完成了油茶属植物染色体水平的高质量参考基因组组装，为比较和进化基因组学分析提供了基础信息，并进一步证明了油茶在驯化过程中，调控油茶籽油合成的等位基因受到了人工选择的影响，该研究进一步揭示了油茶驯化过程中关键的遗传变异，并为树木育种的遗传改良提供了理论基础。中南林业科技大学袁德义教授团队在国际上率先完成了二倍体狭叶油茶的全基因组组装与解析工作，采用先进的第三代PacBio平台的CCS测序技术，结合ALLHIC方法，成功对四倍体油茶进行了染色体水平的高质量分型组装，为油茶的基因组学研究奠定了坚实基础。湖南省林业科学院陈永忠研究员团队首次完成四倍体小果油茶染色体水平单体型基因组解析，为油茶遗传改良和产业高质量发展提供了关键科学理论支撑。这些突破标志着油茶育种正式迈入国际前沿的分子设计时代，传统基于表型选择的优树筛选和杂交育种体系，正在向分子标记辅助选择与基因编辑技术深度转型，实现目标性状的精准改良。

三、丰产栽培技术

油茶丰产栽培技术包括选地与整地、良种选用与配置、水肥管理、整形修剪及低产林改造等传统技术措施，以及近年来兴起的水肥一体化及无人机辅助授粉等新型技术措施。

（一）丰产栽培技术措施

2024年，随着行业标准《油茶》（LY/T 3355—2023）的执行，湖南、江西、福建、安徽等地也相继发布了地方标准、团体标准，油茶丰产栽培技术得到较大的提升和改进。

在林地选择上，放宽了海拔的限制，并提出了不同生态区域适宜不同油茶品种的海拔条件：我国油茶南带、北带丰产栽培多在海拔800米以下种植，中带浙闽湘赣在海拔800米以下为宜，西部部分地区在较高海拔地段种植。云贵、川西高原地区，普通油茶以海拔1800米以下为宜，滇山油茶以海拔2300米以下为宜。

在标准要求上，丰产林盛果期茶油年均产量达到600千克/公顷以上。因此，在品种选用中要求2个以上主推品种，均达到授粉亲和性高、花期相遇、果实成熟期基本一致的高产、稳产、高抗等条件。在品种排列方式上，成行或小块间隔排列，采取1~2行间隔配置，单个品种占比不少于25%。湖南省进一步明确'湘林210'等6个主推良种的品种配置方式。种苗要求2~3年生容器苗或就近调运裸根苗。在密度设计中，充分考虑到盛果期后稳定经营期的时间，以53~74株/亩为宜，宜机作业采用宽窄行设计，宽行4.0~5.0米，窄行2.5~3.0米。同时，需要较完善的配套设施，除道路、水源、灌溉设施、管护房外，根据基地考虑单轨、果实处理场所（剥壳、烘干）等。

在造林环节，优化明确了整地、撩壕挖穴、基肥使用、栽植四个关键节点的技术要求。幼林管理优化了补植补造、除草覆盖、施肥、整形、间作、摘除花苞或幼果6项关键技术。在成林管理方面，优化了土壤管理、树体管理、花果管理和病虫害防控等技术。

（二）水肥一体化技术

自中央财政油茶产业发展示范奖补项目实施以来，油茶水肥一体化技术已经得到大量的推广应用且成效显著。油茶水肥一体化技术主要是依靠自动化浇灌设施，根据油茶树体本身的生长特性，有针对性地补充水肥供应，保障油茶树体的生长发育。该技术能够提高油茶林单位面积产量，还可以提高水肥利用效率，降低人工成本。例如，2024年，江西省吉安市万安县一片油茶林通过应用水肥一体化技术，产量提升35%，人工成本降低50%。

（三）无人机辅助授粉技术

油茶主要依靠昆虫、风等媒介进行异花传粉以完成受精结实。油茶花期常遇低温、降雨天气，导致传粉昆虫活动受限、传粉效率降低，影响油茶坐果，造成油茶林"千花一果"现象。为此，科研人员开展无人机授粉技术研究。在海南澄迈县西达农场的示范应用中，无人机液体喷粉技术使试验林油茶鲜果产量提高3倍。湖北省林科院与麻城市林业局联合研发油茶蜂花粉高效采集与无

无人机辅助授粉

人机辅助授粉技术，即通过西方蜜蜂大规模采集花粉，将其与特制营养液混合配制成授粉液，最后由无人机喷洒完成人工辅助授粉。该技术在解决油茶花粉对西方蜜蜂的毒副作用以及规模化收集花粉原材料方面取得创新性进展，已在湖北、四川、广西等地累计应用示范面积达6000亩，示范基地坐果率显著提升，鲜果产量平均提高20%。

四、绿色加工技术

油茶绿色加工技术主要包括油茶果预处理、油脂制取和精炼三个环节。在油茶果预处理环节，主要依靠全自动脱壳烘干一体化设备和光谱分选技术来完成。如湖南推广的油茶果成套处理自动化生产线，可实现鲜果脱壳、烘干等连续作业，处理量可达2吨~5吨/小时，减少了人工干预，降低了黄曲霉素的污染风险。2024年新推广应用的油茶鲜果光谱分选技术，利用光谱分析仪对油茶鲜果中的坏果、虫蛀果等进行精准识别，能够有效保障茶油原料的高品质。

在油脂制取方面，湖南大三湘茶油股份有限公司、江西省德义源生态农业发展有限公司等茶油生产企业采取鲜果鲜榨工艺，能最大限度地保留茶油中的维生素E、角鲨烯等活性成分。随着茶油适度精炼理念的推广，贵州玉屏通过优化脱胶、脱酸工艺，减少高温处理环节，避免了茶油营养流失，实现能耗降低30%以上。

采用绿色加工技术生产的茶油，以湖南大三湘茶油股份有限公司鲜榨茶油为例，与国标（GB/T 11765—2018）在营养成分、卫生指标等方面的比较见表2-2。

茶油绿色加工技术能更好地保留茶油中的营养活性成分，其自然风味更为优良，同时能够有效保障茶油的卫生安全品质。但在实际推广过程中面临设备成本高、原料来源分散、消费认知不足、产品溢价接受度有限等问题。

表2-2　绿色加工技术生产的茶油与国标对比分析

指标	国标（GB/T 11765—2018）要求（压榨油茶籽油）	绿色加工茶油（大三湘鲜榨茶油，Q/HNSX 0004S—2024）
酸值（以KOH计 mg/g）	≤2.0	≤2.0
过氧化值（g/100g）	≤0.25	≤0.2
维生素E（mg α-TE/kg）	未明确规定	110.0
角鲨烯（mg/kg）	未明确规定	80
色泽	淡黄色至橙黄色（一级）	具有产品应有的色泽

五、机械装备

油茶机械化应用近年来持续受到广泛关注，国内诸多科研院所均加大了对油茶机械装备的研发力度。2024年油茶产业的机械设备主要有：油茶自动嫁接机（能够实现油茶苗木高效嫁接）、油茶水肥一体化设施（可以实现油茶林的精准灌溉）、油茶林山地轨道运输机（可以实现山区油茶鲜果、农资物料的转运等）。通过产学研协同创新，2024年成功研发出多品类油茶鲜果采摘设备。

国家林草局哈尔滨林机所牵头实施油茶采收机械研发项目，联合国内20余家单位协同研发，开发出适合多场景应用的便携式、轻简移动式、轻简自走式、自主自走式等油茶采收装备。浙江理工大学成功研发出适用于不同立地条件的油茶果振动收获机和手持式油茶果梳刷采打机。中南林业科技大学突破7项关键核心技术，研制出我国首台油茶果采收机。

油茶机械装备的推广效果显著：一方面，可以大大降低人工成本，机械采收使亩均综合成本下降15%～20%，湖南省调研数据显示，可节省采收环节人工成本300元/亩。另一方面，作业效率大幅提升。自走式油茶果采收装备的效率是人工的5～8倍，柔性梳刷采打机每小时可采收油茶鲜果超300千克。油茶鲜果预处理装备可以缩短茶籽加工周期50%以上，使出油率提高3～5个百分点。

第三节 市场需求分析

一、种苗市场需求分析

2024年，受政策驱动、产业升级及品种改良需求影响，油茶种苗市场呈现规模扩大、结构优化、区域集中化等特点。2024年，油茶种苗价格有所提升，两年生容器杯嫁接苗3~5元/株、三年生嫁接苗5~10元/株。全国油茶种苗需求总量约4亿株，较2023年增长约15%，这主要得益于《加快油茶产业发展三年行动方案（2023—2025年）》政策的驱动。南方主产区（如江西、湖南、广西、四川）占据全国80%以上的市场份额，其中广西、四川两省区需求增长显著。广西2024年新造林计划带动油茶大杯苗需求激增，全年用苗量超9000万株（含补植补种需求）。市场对油茶良种壮苗的需求更高。"香花"油茶、'湘林210'、'华硕'、'华金'等高产抗病品种需求旺盛，价格较普通品种高出20%~30%。同时，对种苗规格、品质的要求也更高。2024年油茶种苗以容器苗为主，其中两年生容器苗占比超过70%，三年生及以上容器大苗占比约15%，较2023年有较大幅度增长。

二、茶油市场需求分析

2024年，中国茶油市场保持稳健增长态势。我国作为全球最大的茶油生产国，占据全球90%以上的产能潜力将进一步释放。相较于欧洲人均橄榄油消费量，我国茶油人均消费量仍存在显著差距，主要受制于：消费认知不足及生产成本偏高。随着机械化的普及与市场对茶油认知程度的提高，消费缺口有望持续收窄。

茶油富含不饱和脂肪酸、维生素E、角鲨烯、茶多酚、皂苷等活性成分，在日常食用消费、日化和医药等领域都受到广泛关注。随着科技分离纯化技术的发展，茶油应用将延伸至更多领域。

三、油茶副产品市场需求分析

油茶副产品主要包括油茶皂素、果蒲、饲料及有机肥等。2024年，全球油茶皂素市场规模达12.5亿元，占皂素类产品总份额的19%。我国油茶皂素产量占全球的60%以上。2024年，江西吉安油茶皂素出口量同比增长40%，主要销往法国、意大利及韩国，用于替代化学表面活性剂。

我国油茶茶粕年处理量稳定在50万吨，市场估值3.2亿元，是生产饲料和有机肥的重要原料之一。对茶粕进行脱毒处理后，粗蛋白含量12%~15%，可用来替代部分豆粕。2024年在畜禽饲料中的渗透率提升至8%。茶粕的发酵产物中氮磷钾总量超过6%，可以用来生产有机肥。江西星火农林等企业通过建设有机肥生产线，实现资源化利用与企业创收双赢。

《全国乡村产业发展规划（2020—2025年）》中明确提出：支持油茶副产物的综合开发利用，这为油茶副产品市场的开拓提供有力的政策依据。为降低生产成本，油茶生产企业加大了对副产物的开发利用，这导致油茶副产物产品种类和产量的双重提升。当前，我国油茶皂素的年出口订单量保持着30%以上的增长率，未来随着欧盟、日本等生物基农药需求的激增，会进一步大大提升对油茶皂素的需求。然而，油茶皂素的纯化技术是制约我国油茶皂素产量的关键壁垒，需要进一步开展科技攻关。

四、茶油进出口贸易市场需求分析

2024年，据中华人民共和国海关总署商品编码1515.9040进出口统计数据（含港澳台），2024年茶籽油及其分离品进出口84367千克、金额698.11万元。其中，2024年茶籽油及其分离品出口52949千克、金额337.28万元，2024年茶籽油及其分离品进口31418千克，金额360.83万元，见表2-3。与2023年相比，茶籽油及其分离品出口量下降37.77%，进口量增加4.65%。未来，随着茶油营养功效的国际认知度提升，茶油出口规模有望进一步增加。

表2-3　茶籽油及其分离品进出口贸易情况

	2023年	2024年
出口量/千克	85090	52949
出口金额/万元	455.29	337.28
进口量/千克	30022	31418
进口金额/万元	125.57	360.83

第四节　几点启示

一是油茶产业政策体系持续完善。从中央到地方，形成政策合力，助力油茶产业发展。在国家层面，国务院倡导扩大油茶种植面积，财政部和国家林草局实施示范奖补政策，并将油茶纳入生态产品目录。地方政府积极响应，湖南、江西、广西、浙江等多省份，形成省—市—县三级扶持体系，通过资金配套、专项补贴、金融支持等措施，支持油茶产业发展。

二是油茶技术持续创新。在品种创制方面，2024年，新（认）定良种21个，授权新品种30个，这些良种和新品种能够为油茶产业发展提供坚实的种源基础。丰产栽培技术不断完善，新型技术如水肥一体化和无人机辅助授粉技术得到广泛应用。绿色加工技术在茶果预处理、油脂制取和精炼环节不断创新，茶油品质不断提升。机械装备研发成果丰硕，多种采摘、加工设备的发明，大幅降低人工成本，提高生产效率。

三是油茶市场不断拓展。种苗市场需求规模扩大，对良种壮苗和大规格容器苗的需求增加。茶油市场继续保持稳健增长态势。油茶副产品市场展现出巨大潜力，油茶皂素、果蒲等在工业和农业领域的应用不断拓展，出口量持续增长。在进出口贸易方面，茶油出口量和出口金额均实现增长，国际市场对茶油的认可度逐渐提高。

第三章

油茶产业发展重点区域

油茶产业作为中国重要的木本油料产业，近年来在政策扶持与科技创新驱动下快速发展。湖南、江西、广西、湖北等重点产区通过强化资金支持、建设高标准基地、推动精深加工及品牌建设，构建全产业链融合发展格局。中央财政示范奖补项目的实施，助力区域形成"扩面、提质、增效"的示范效应，并通过"油茶+文旅""油茶+N"等模式，拓展产业增值空间。各产区以良种推广、技术攻关和社会化服务为支撑，全面提升油茶产能与综合效益，为保障国家粮油安全和乡村振兴注入强劲动力。

第一节　湖南产区

一、政策资金支持

2024年，湖南省围绕用好现有政策、创新金融举措、强化资金扶持等方面，助推油茶产业高质量发展。

一是政策精准引领。湖南省围绕油茶千亿产业目标，从种植和加工两方面着手提质增效。印发《湖南省财政支持油茶产业高质量发展若干政策措施》，整合财政资金从油茶林提质增效、科技研发、品牌建设等8个方面全面支持油茶产业高质量发展；印发《湖南省油茶产业发展三年行动方案（2023—2025年）》，明确指出要全面推进油茶扩面、提质、增效；印发《关于做好2023年提升山上经济作物灌溉水源保障项目建设和管护的通知》，对油茶等山上经济作物灌溉水源的山塘进行清淤、扩容、增蓄，提升山上经济作物灌溉水源保障能力；出台《湖南省促进油茶产业发展若干规定》，以立法的形式进一步规范油茶产业生产经营行为，强化职能部门监管作用，提升油茶产业管理方式，有效解决油茶产业发展诸多现实问题，促进油茶产业实现高质量发展。

二是强化资金扶持。积极争取中央、省级资金用于支持油茶产业发展，特别是2023年落实国家加快油茶产业发展三年行动以来,中央和省级油茶资金累计投入35亿元以上。2024年,永州市、株洲市通过竞争,获得中央财政油茶示范奖补项目支持,中央财政补助每个市5亿元,省财政配套支持1亿元,加上市级、县级资金等,总支持均超过10亿元。

三是加大金融支持。湖南省财信金控运营的湖南省油茶产业基金,直接投资新金浩、湘天华等油茶头部企业;设立风险补偿金,支持省农担公司优化"惠农担—油茶贷""乡村振兴贷"担保贷款服务。截至2024年底,担保贷款金额达4亿元左右,支持了693家油茶经营主体。积极推进油茶特色保险,在省级财政补贴保费10%的基础上,湖南省林业局联合平安保险,油茶保费再补贴20%,截至2024年底,全省油茶林投保面积达400万亩。

四是县(市、区)踊跃参与。湖南省很多市、县均把油茶产业作为发展县域经济的支柱产业和乡村振兴的重要抓手,掀起油茶产业发展的热潮。永州市出台《永州市推进油茶产业高质量发展十条措施》,从用地保障、高标准基地建设、三产融合、财政资金投入、信贷支持、品牌创建等10个方面明确具体的推进措施。常德市临澧县出台《"四旁"及烟花企业控制区油茶造林工作方案》,充分利用乡村"四旁"、自留山自留地、烟花企业控制区、松材线虫病防治区、荒芜残次油茶林、退出公益林、新建生物防火林带等大大小小的闲置地,合理规划种植油茶苗,开辟油茶产业发展的新空间。

二、油茶基地建设

一是规范油茶种苗质量管理。制定《湖南省油茶种苗质量管理办法》,明确油茶种苗生产供应原则,规定油茶采穗圃、油茶苗木生产单位的基本条件,并严格监督管理。召开全省油茶种苗质量监管现场会,组织开展以油茶苗木质量为重点的全省造林苗木质量抽查,在油茶苗木嫁接期间派出工作组和专业技术人员,深入各地油茶采穗圃和育苗基地,开展技术指导和巡回检查,全力确保油茶种苗安全。重点支持提质改造油茶采穗圃6家,进一步完善灌溉、作业道等基础设施,推进水肥一体化建设,提升母树管护水平。截至2024年,全省取得合法生产经营许可的油茶良种采穗圃有32家，油茶良种苗木生产单位有89家，年苗木生产能力2亿株以上，能够为油茶产业发展提供充足的良种壮苗。

二是高标准开展油茶新造。建设高标准油茶基地33个，按宜机化采收需求调整密度、改扩建内部道路，强化树体、土壤管理，为后续早实、丰产奠定良好基础。推进水肥一体化，水肥一体化设施覆盖面积达20万亩，着力提升油茶林对高温干旱等极端气候的抵抗能力，实现丰产、稳产。着力提升油茶基地机械化水平。湖南省林业与农业两部门联合推进油茶机械化生产，举办全省油茶机械化生产现场会，现场演示油茶水肥一体化、机械化抚育、采收、运输以及油茶果初加工等各生产环节共50多台（套）机具装备的使用，从基地建设、技术规范、宣传引导等方面发力，进一步推动油茶基地标准化、机械化和规模化建设。

三是高质量开展油茶低产林改造。按照低产林的成因、类型，分类施策，切实发挥科研人员和基层乡土专家在油茶低产林改造中承担的技术指导和科技服务的作用。建立"传帮带"机制，为基层开展油茶低产林改造培养一批技术人才。提升油茶低产林改造的标准化、规范化水平，真正做到"改一片、成一片"。同时，对一些好的经验开展宣传和推广。中南林业科技大学的"油茶插皮接"嫁接技术，已经在全省建立油茶低产林品种改造试验示范林500余亩，嫁接成活率90%以上，第二年部分开花结果，第三年开花结果率达90%以上，成效显著。

三、精深加工

一是精深加工主体稳步增加。全省现有油茶国家林业重点龙头企业8家，省级林业产业龙头企业159家，小微企业及小作坊5000多家，全省茶油年加工能力达60余万吨。2024年，湖南油茶鲜果价格为2.2~3.6元/千克、油茶籽为15~26元/千克、毛茶油在100~140元/千克。

二是精深加工技术日渐成熟。油茶精深加工产业链、产品结构取得长足进步,室温压榨、鲜果鲜榨、超临界CO_2萃取等茶油加工工艺不断创新升级,茶油精深加工能力逐步提高。湖南和广生物科技有限公司研发的超临界CO_2萃取工艺,不仅产品回收率高、品质好、安全性高,而且萃取效率高、副产物价值高。该工艺获得湖南省2024年度十大科技攻关项目"高品质油茶新品种选育与超临界萃取加工关键技术"支持,项目资金为1000万元。

三是精深加工产品日渐丰富。涌现出大三湘、神农国油、金浩、山润、湘纯、金昌生物、万象生物等一批龙头企业,这些企业利用茶油及副产物开展食品、保健品、护肤品、饲料等精深加工,不断拓宽产业链,提升综合效益,提高油茶产品市场竞争力。例如,湖南奇异生物科技有限公司以油茶为原材料,通过科技创新和精深加工,制成医药产品、美容用油、保健品和洗护产品。湖南怀化市秦湘九州生物科技股份有限公司,通过萃取茶油营养成分,开发出美肤、抗衰、养颜等系列护肤产品。

四、品牌建设

2024年,湖南省持续强化"湖南茶油"公用品牌建设。一是壮大"湖南茶油"公用品牌队伍。2024年,授予46家企业99款产品使用"湖南茶油"公用品牌标识。二是创新"湖南茶油"公用品牌建设举措。采取线上线下相结合的方式,深化"湖南茶油"公用品牌建设。线上,联合抖音开展"木本油料营销破局共创营""达人直播带货""短视频推广"等活动,利用新媒体和湖南广电资源,多平台宣传推介"湖南茶油",以数字化赋能"湖南茶油"公用品牌建设。线下,组织公用品牌授权企业组团参加高端食用油博览会、中部农博会、世界林木业大会等省内外展会7场,持续提高"湖南茶油"的市场认知度、美誉度。三是加强监管,强化质量。2024年,开展"湖南茶油"公用品牌授权产品质量监测200批次以上,支持建设油茶果初加工与茶籽仓储交易中心10个,从源头上确保产品质量,持续推动茶籽期货挂牌交易。2024年,"湘西茶油"获国家地理标志证明商标,进一步壮大湖南省现有的以"湖南茶油"公用品牌为引领、地方区域特色品牌和企业知名品牌为一体的茶油品牌体系。

五、产业融合及经营模式

2024年，湖南省油茶产业融合持续推进。"油茶+文旅"模式方面，永州祁阳市深入探索农文旅融合新路径，将油茶产业与旅游业深度融合，成功打造别具特色的国家4A级景区——唐家山景区，实现"一片山水融合一方文旅"，不仅促进油茶产业飞速发展，也让广大游客畅享假日欢乐时光，推动乡村旅游高质量发展。景区年接待游客达40万人次。常宁把油茶产业与林下经济、特色养殖等多种经济结合起来，在村集体、龙头企业和油茶合作社的互动带动下，推进油茶生产与加工、乡村旅游以及民俗文化体验等融合发展。通过举办油茶旅游文化节，打造油茶小镇等乡村生态网红景点，构建西岭油茶小镇核心区（如平安村）等特色IP，实现文旅助力，生态赋能。"油茶+N"模式种植方面，邵阳市邵阳县在油茶林试点套种菌菇（如平菇、香菇）和中药材（九节茶、淫羊藿、黄精等20余种喜阴品种），形成"油茶为主、菌药为辅"的复合经营体系，大幅提升油茶林综合产值。衡阳市衡南县普贤村在油茶林中套种1000多亩药材（如射干、麦冬等），利用油茶投产前的3~5年空窗期发展林下经济，实现"以短养长，以耕代抚"。

湖南省油茶基地的经营模式主要有农户家庭经营、专业合作社经营、公司经营、"公司+农户"经营、庄园经营等5种模式。一是农户家庭经营模式，约占70%。以家庭为单位进行分散经营，农民利用自留地或是承包土地，由农户自行解决整地、种植、抚育等工作，在油茶果收获后自行出售油茶籽或是榨成毛油出售，自负盈亏。二是专业合作社经营模式，约占15%。农民秉持自愿、平等、互助的原则通过联合组建或是土地入股等形式建立或参与专业合作组织，社员共享信息和种植抚育等技术，统一规划、统一进行生产和销售活动，盈利所得依照合作协议或股份进行分配。三是公司经营模式，约占7%。由公司通过土地流转和农民签订租地协议，租赁农户或者集体土地来种植和经营油茶，以地租形式给予农户补偿。一般公司签订的土地租赁协议期限为30年，有的长达40~50年。四是"公司+农户"经营模式，约占7%。此模式鼓励农民以土地入股,与企业共同经营。在经营过程中,农户也可以通过参与企业的种植、抚育和收果等环节,以农户土地和工时计算,与公司分成。五是庄园经营模式,约占1%。将油茶产业与庄园经济相结合,采用多种形式和模式,带动农户发展以家庭农场为核心的适度规模经营,形成集油茶种植、加工、销售、品牌、文化、旅游等融为一体的综合性庄园经济体。

六、科技创新与产业支撑

一是强化油茶科技创新与关键技术攻关。依托木本油料资源利用全国重点实验室、岳麓山油茶种业创新中心、国家油茶工程技术研究中心和中国油茶科创谷等平台,围绕油茶新品种培育、高效栽培、绿色高效加工与副产物综合利用、机械装备研发、茶油产品快速检测等关键技术持续开展科技攻关。湖南省气候中心等单位申报的"油茶丰产稳产栽培气象保障关键技术创新与应用"获湖南省科技进步二等奖,湖南省林业科学院等单位申报的"油茶高规格容器大苗繁育及品种鉴别技术研究与应用"获梁希林业科学技术进步奖。

二是加强油茶标准体系建设与科技推广。2024年,修订国家标准1项,制定地方标准4项、团体标准1项,并加强标准宣贯,持续推进油茶全产业链标准化、规范化生产体系的建立。

三是加强油茶科技人才培养和先进实用技术推广。2024年,继续委托中南林业科技大学和湖南环境生物职业技术学院为基层定向培养林业特岗人员433人。为强化科技赋能、助力油茶产业高质量发展,构建了省、市、县三级技术支撑与培训体系,2024年,举办全省油茶实用技术培训3期,选派1000多名省"三区"科技人才、省级科技特派员深入生产一线开展专项技术服务,推广先进实用技术,为基层建立一批油茶专业技术队伍,培养一批油茶"技术能手",提高油茶种植专业化水平。

七、社会服务组织

一是省级层面。湖南省油茶产业协会助力湖南油茶产业高质量发展。开展油茶产业宣传，通过湖南省油茶产业协会网站、微信公众号等服务平台及时推送与产业发展相关的政策法规、技术标准、气象专报等资讯，为会员及行业提供信息服务；通过视频号、抖音等平台加大产业公益宣传；参与开展油茶贷、油茶期货交易等调研和油茶水肥一体化等产业政策编制，为产业发展建言献策；组织开展"湖南茶油"公用品牌授权工作；编制《油茶》会刊2期，挖掘行业典型人物与事迹，提振油茶经营主体信心；组织专家深入基层，开展技术培训与指导600余次，参与撰写《油茶主推良种配套丰产新技术》1部，科技助力油茶生产；对6个主推品种的鲜果含油率进行动态监测，组织专家召开专题讨论会，分析省内主栽品种油脂转化与气象的关系，提出并及时发布《关于2024年油茶果实采收时间的建议》，科学确定油茶果采收时间，建议油茶种植企业根据品种特性，适当推迟采收时间7~15天，有效地提高油茶出油率和茶油品质。

二是市县层面。长沙市油茶产业协会以"促进油茶资源供需对接、推动产业高质量发展"为主题，举办油茶产业产销对接会，精准匹配供需，解决销售难题，让生产者和采购商直接沟通，提高油茶产销对接会效率和效益，推动油茶产业发展。祁阳市、耒阳市、泸溪县等地油茶协会组织专家不定期到生产一线开展技术指导和科技服务，着力提升油茶经营管护水平。

三是社会化服务组织主体培养方面。为缓解技术难、用工难的问题，提高生产效率与生产水平，2024年，湖南省林业局在株洲、怀化等地支持建设10家油茶种植业社会化服务组织，补助标准为20万元/个，为油茶种植企业和林农在整地修枝、高接换冠、采收等方面提供更加专业的社会化服务。

第二节　江西产区

一、政策资金支持

2024年，江西省以《推动油茶产业高质量发展三年行动计划（2023—2025年）》为纲领，构建"省级统筹+地方特色"的政策框架。省级财政统筹60亿元专项资金，对新造高产油茶林每亩补助1000元（含中央资金），低产林改造每亩补助400元。地方政府结合实际细化措施：如瑞金市对新造油茶林实施"一扶三年"政策，第一年获省级1000元/亩补助，第二年、第三年市本级各补200元/亩；吉安市整合各级资金14.25亿元，对新造、改造油茶林分别追加200~700元/亩和100~400元/亩的资金补贴。全省推出"油茶贷"和"碳汇贷"等金融产品，累计发放贷款超8.7亿元，并设立"油茶特色板"融资平台，助力企业上市融资。

二、油茶基地建设

2024年，油茶种苗以"长林""赣无""赣州油"系列为主，其中"长林"系列占比超过93%，主要培育'长林3号''长林4号''长林40号''长林53号'等国家和省级主推良种。截至2024年底，全省油茶良种苗木存圃量约1亿株，共建有油茶采穗圃22处。全省油茶良种壮苗育苗单位超过90家，主要分布在宜春市袁州区、高安市、丰城市及新余市分宜县，油茶苗木产量占到全省油茶苗木产量的80%以上，其余苗木生产基地位于上饶市、抚州市、赣州市等地。

三、精深加工

通过招商引资和技术升级，全省油茶加工产业加速转型。2024年，落地精深加工企业7家，签约金额达25.5亿元，建成油茶果初加工与仓储交易中心6个，年加工能力达18万吨。龙头企业如青龙高科、大海龟生命科学等，开发出油茶皂素等衍生品，推动产业链向高附加值延伸。全省油茶企业总数增至462家，其中规模以上企业46家，亿元以上企业7家。2024年，江西油茶鲜果平均价格约为2.6元/千克，干籽价格约为18元/千克，毛油单价与2023年基本持平，为130~140元/千克。茶油种类主要包括毛油和成品油，其中，成品油因为加工工艺的不同又包括浸出油和压榨油，市场价格各有不同。浸出油销售价大概60元/千克，压榨油销售价约为160元/千克。副产品主要包括洗护类、茶粕等剩余物加工，其中，茶粕2024年销售价格为1.8~2元/千克。

四、品牌建设

以"江西山茶油"公用品牌为引领，制定高于国家标准的团体质量认证体系，整合"赣南茶油""井冈茶油"等区域品牌资源。通过北京、上海推介会及电商平台拓展市场，线上销售额突破2.3亿元，同比增长28%。赣州市"赣南茶油"连续7年入选国家地理标志产品百强榜，并在深圳举办专场推介活动，提升品牌溢价能力。全省建成油茶产品旗舰店12家，覆盖一线城市核心商圈。

五、产业融合及经营模式

积极推广"企业+基地+农户""订单种植"等经营模式，发展林下经济与生态旅游。吉安市建设"油茶+药材"示范基地12个，套种虎杖、射干等中药材，平均每亩增收2300元；宜春市打造油茶庄园，融合采摘体验、科普研学等项目。同时，依托国家储备林项目，推进"整县推进"模式，中林集团在赣规划20.51万亩油茶高标准基地，带动农户人均年增收2358元。

六、科技创新与产业支撑

江西省设立油茶科研专项，投入1000万元攻关高产栽培、精深加工技术，实施24个科技特派员项目，推广智能水肥一体化系统，实现精准灌溉与施肥，新造油茶林生长速度提升20%，成林产量提高20%。在赣州、吉安等地建立油茶科技综合示范站，提供全周期技术指导。全省油茶良种覆盖率超90%，标准化种植技术普及率达85%。

七、社会服务组织

全省组建市、县、乡三级技术服务队，2024年开展技术培训29次，覆盖2600余人次。成立油茶协会、服务中心25个，提供技术咨询、市场对接等服务。保险体系逐步完善，油茶保险覆盖面积超32万亩，降低了自然灾害风险。通过"赣金普惠"平台和"油茶特色板"，实现金融服务与产业需求精准对接。

第三节　广西产区

一、政策资金支持

2024年，广西壮族自治区林业局印发《2024年全区加快油茶产业发展实施方案》，深入实施《广西加快油茶产业发展三年行动方案（2023—2025年)》，明确扩大油茶种植规模，提高茶油产量，并给予油茶新造林每亩补助2000元，其中自治区1000元、市县1000元，给予低产林改造每亩补助700元，其中自治区600元、市县100元。2024年全年累计争取中央和自治区财政资金3.3亿元用于油茶营造补助，并成功争取将油茶全产业链开发项目纳入农业农村领域重点工作7个提升行动项目范畴，获得财政衔接推进乡村振兴补助资金1.76亿元。柳州、百色、河池三市分别获立项的中央财政油茶产业发展示范奖补项目，5年期间共将获得中央财政18亿元和自治区财政4亿元资金支持。

广西壮族自治区林业局牵头，会同有关部门印发多项金融政策文件，包括《广西壮族自治区林业局　广西壮族自治区地方金融监督管理局　中国银行保险监督管理委员会广西监管局　关于加大信贷支持力度促进全区油茶产业发展工作的通知》《广西壮族自治区林业局广西壮族自治区自然资源厅　中国银业保险监督管理委员会广西监管局关于进一步做好"油茶贷"工作的通知》《中国人民银行南宁中心支行　广西壮族自治区林业局　广西壮族自治区地方金融监督管理局　中国银行保险监督管理委员会广西监管局关于金融支持广西油茶产业高质量发展的通知》，逐步构建完善油茶产业金融产品和服务体系，优化提升油茶产业金融服务质效，有效助力油茶产业高质量发展。其中，2024年全区累计发放油茶全产业链贷款23.64亿元，贷款余额165.82亿元，同比增长9.77%。同时，广西积极探索"国家储备林+油茶"模式，规定国家储备林项目规划一定比例的面积用于发展油茶，用好用足国家储备林优惠贷款政策。

二、油茶基地建设

广西油茶种植历史悠久，是全国油茶传统产区，也是全国油茶重点产区之一。全区14个地级市均有油茶分布，主要集中在百色、柳州、河池及贺州等地，共有三江侗族自治县、田林县、巴马瑶族自治县等27个全国油茶生产重点县。2024年，全区累计完成油茶新造林88万亩、低产林改造45万亩，年茶籽产量超60万吨，茶油产量超17万吨，产业综合产值达600多亿元。

2024年，《广西壮族自治区林业局办公室关于加强油茶种苗培育切实保障油茶产业发展三年行动苗木供给的通知》印发，明确要加大油茶苗木新培育力度，严格落实油茶新造林"三个百分之百"要求（100%良种、100%大杯苗、100%花果苗），为造林提供苗木保障。2024年全区共有油茶苗木生产经营企业114家，生产面积约1万亩，主要生产经营'岑软2号''岑软3号''岑软24号''义禄''义丹''义臣'等油茶品种，全年共培育油茶良种苗木1.8亿株；油茶苗木生产企业中有24家被认定为自治区林业保障性苗圃，苗木供应量占全区50%。全区共建有油茶定点采穗圃32处，面积2900亩，年产穗条量约100吨。

三、精深加工

广西共有油茶加工企业100余家，年生产能力20万吨，年生产能力在1000吨以上的油茶加工企业约有30家，全区认定国家级、自治区级油茶龙头企业约10家。相较之下，茶油加工小作坊在广西油茶种植区分布广泛，区内有油茶加工小作坊近1000家，小作坊压榨茶籽量约占总量的46%。虽然加工量占比较高，但茶油加工小作坊以加工低端毛油为主，普遍存在出油率低、杂质多等问题，产品加工工艺雷同，技术含量较低。统计数据显示，广西油茶老品种生鲜果近3年价格都在3.2元/千克左右，新品种生鲜果价格都保持在2.4元/千克左右，干茶籽价格在18元/千克左右。现阶段，在售产品仍以食用茶油为主，原油和精炼茶油占企业油茶产品销售收入的85%以上，原油价格普遍在100元/千克左右，精炼油多以礼品装为主、价格普遍在200元/千克左右。

随着广西将油茶产业列入全区特色食品产业重点发展方向之一，全区引进一批具有产业链牵引作用的油茶生产加工综合性项目。支持油茶企业开展技术改造，累计安排2850万元的资金支持油茶精深加工技术改造项目。将油茶列入农业农村领域重点工作7个提升行动项目支持范围，争取财政乡村振兴资金支持油茶初加工、深加工及基地基础设施建设等全产业链发展。推动科研院所与企业积极研发油茶精深加工新技术及新产品进程，涵盖原油、精炼油和日化用品等领域，实现油茶产业"多面开花"。

四、品牌建设

广西通过"政府部门主推、行业协会主导、龙头企业主用"的品牌运营模式，坚持大力培育龙头企业做优品牌，壮大一批油茶精深加工类自治区级以上"专精特新"中小企业，山茶油企业开始逐渐有了品牌意识，并在自治区主管部门的指导下取得新突破：首先，成立广西山茶油品牌联合会，组织制订团体标准《广西山茶油》，推动制订广西地方标准《原味山茶油生产技术规程》，修订广西地方标准《小油坊生产规范》等，逐步建立规范化、标准化生产体系。集中打造广西山茶油区域公共品牌和企业自主特色品牌，创建"桂之坊""六道香""九龙桂""良大头""岑王世家"等一批优秀本土品牌。其次，地方品牌意识觉醒，地方政府组织的"三江油茶""百色山茶油"通过了国家知识产权局地理标志保护产品认证，一批企业还进行了有机认证、"正"印认证、"圳品"及ISO认证。最后，成功注册广西山茶油区域公用品牌"图形"集体商标，积极筹划举办专业性强、影响力广的营销推介活动，成功举办首届中国（柳州）油茶交易博览会，在第一届世界林木业大会上设置专门油茶展馆，宣传推介"广西山茶油"品牌。

五、产业融合及经营模式

广西油茶产业融合方面：一是打造油旅产业示范。广西以发展生态经济为核心，结合林下套种、生态旅游和休闲观光等项目，不断拓展油茶产业功能，挖掘林地增产潜力。在维都林场打造集油茶高效种植、产品加工、油茶文化旅游于一体的三产融合发展示范的油茶小镇，观光游客络绎不绝。二是建设融合发展示范区。大力发展油茶林下经济，积极探索"一亩山万元钱"专项油茶复合经营模式，通过油茶林下养殖、种植中草药等，实现主导产业多次增值、多重收益。三是支持产业集聚区建设。建立罗城仫佬族自治县市级农产品加工集聚区、恭城瑶族自治县市级农产品加工集聚区、三江侗族自治县农产品加工集聚区等10个与油茶产业有关的加工集聚区，大力推动优势特色农产品加工企业向集聚区集中，使其成为农产品加工业示范区、引领区。

广西油茶经营模式方面：一是培育产业发展主体。通过加强政策宣传和组织发动，调动全社会力量参与油茶发展，构建"林场作示范、企业为骨干、农民做主体"的油茶发展新格局。支持龙头企业、农民专业合作社等新型农业经营主体扩大生产规模，提高经营管理水平和应用新品种、新技术、新农机设备等。二是实施专业化托管服务。全面推行专业化托管服务，自治区直属13家国有林场分别建立2000亩以上标准化油茶示范基地和1000亩以上油茶低产林改造托管服务示范基地。三是构建利益联结机制。采取"村集体经济+基地+农户""村集体经济+油茶专业合作社+基地""N个村集体经济+公司+基地"等多种经营模式，创建"订单农业""土地入股+分红"等联农带农机制，发展壮大村集体经济，激发群众内生发展动力。

六、科技创新与产业支撑

广西在种质创制、种苗繁育和丰产栽培等方面均取得较大突破，为油茶产业"三年行动"计划的顺利实施提供强有力的科技支撑。一是种质创制。现建成华南地区最大的油茶种质资源收集库，收集保存山茶属物种近百个，种质1000多份；共选育出通过国家或自治区审（认）定的油茶良种46个，28个油茶新品种获授权保护，其中，香花油茶屡次刷新全国茶油最高单产纪录。二是种苗繁育。集成应用芽苗砧嫁接、扦插、小苗嫁接等3种无性快速繁殖技术，形成春夏季以芽苗砧嫁接为主，秋冬季以小苗嫁接为主、扦插为辅的"三种方法、四季育苗"新模式,并创新适用于华南地区的冬春芽苗砧嫁接技术,大大提高嫁接成活率和当年育苗出圃率。三是丰产栽培。编制《油茶栽培技术规程》《油茶施肥技术规程》《油茶高干嫁接技术规程》等系列行业和地方标准,并在树体培育、水肥调控、授粉坐果、复合经营等方面取得一定的进展。四是科技推广。全区形成由行业管理部门组织、科研院所主导、生产单位实施的油茶科技推广体系,通过发挥管理部门职能、聘任发展油茶产业顾问、选派林业科技特派员等方式加强油茶科技推广 。目前,市、县三级林业技术推广机构基本完备,自治区专门设置林业技术推广总站,14个地级市均设置林业技术推广站,全区111个县区中独立设置林业技术推广站的有76个,全区专职技术推广人员千余人。五是科技成果。广西林科院在油茶科技领域的研发、推广走在全国前列,先后获得油茶相关发明专利授权26件,制(修)订标准18项,出版专著4部,登记科研成果100多项。自2009年以来,先后主持荣获省部级科技进步奖7项,其中"香花油茶新品种选育及利用"获得2023年度广西科学技术进步奖一等奖。

七、社会服务组织

社会组织作为产业发展的中间力量,可充分发挥专业优势,运用专业方法协助政府、企业、合作社、农户建立长效机制,助力产业振兴。自治区级油茶产业社会服务组织有2家,分别为广西油茶产业协会、广西山茶油产业品牌联合会。广西油茶产业协会于2011年经自治区民政厅、林业局批准成立。协会充分发挥政府与企业的桥梁纽带作用,积极推动广西油茶产业"三年行动"计划实施;组织和参与制定广西油茶行业规范、标准和规划;解读产业相关政策,传递产业前沿信息;组织技术培训与推广,加强行业交流合作,积极服务会员企业;促进广西油茶产业健康有序发展,致力于打造广西乃至全国油茶知名品牌。协会多次提出油茶行业发展建议,建言献策,得到各级党委和政府的肯定和支持。广西山茶油产业品牌联合会于2020年经广西壮族自治区民政厅、林业局批准成立。品牌联合会紧紧围绕广西山茶油产业品牌发展理念,以加强"广西山茶油"区域公用品牌建设为主线开展工作，先后举办多场"广西山茶油"品牌推介活动，组织多家会员单位前往各地参加油茶展览展会，帮助区内油茶企业提高品牌曝光度。同时，品牌联合会成功注册"广西山茶油"区域公用品牌集体商标，获得15项《集体商标注册证》，该商标覆盖山茶油产业发展的百种产品，包括种苗、食用山茶油、洗护类产品、糕点等多个类别，为油茶产业一二三产业融合发展奠定宽广的商标基础。

第四节　湖北产区

一、政策资金支持

2024年，湖北省坚持以政府引导、市场投入为主体的多元化投入机制，积极推进油茶产业扩面提质增效行动。一是积极争取中央、省级财政专项资金支持。2024年全省共下拨中央财政油茶专项资金43950万元，争取省级财政油茶专项资金4500万元，其中中央财政支持油茶重点县项目资金28950万元，中央财政随州市油茶示范奖补项目资金15000万元，省级财政油茶非重点县项目资金3000万元，随州市示范奖补项目省级配套资金1500万元，2024年安排中央、省级财政资金用于油茶新造林的为25640万元，用于油茶低产低效林改造的资金为6310万元。二是加大资金统筹力度支持油茶产业发展。为解决油茶生产补贴资金不足问题，各地统筹乡村振兴、造林补助、"双重"工程、国土绿化示范项目、国债生物防火隔离带项目、森林植被恢复费等各类项目资金支持油茶生产，其中，2024年统筹国债生物防火隔离带项目投资68000万元用于发展油茶建设生物防火阻隔带。三是市、县级政府安排专项资金支持油茶产业发展。2024年全省市县级地方财政共安排资金3650万元支持发展油茶产业。四是引导市场主体参与油茶产业发展。2024年，全省社会经营主体共直接投入资金25202万元，投工投劳折算资金15792万元。

湖北省林业局按照"先造后补、应补尽补、验收再补"原则，按油茶新造林

1000元/亩、低改500元/亩标准落实补贴资金，部分市县政府也出台相关油茶产业支持政策。加强与金融部门对接，积极推动油茶贷款落地，省农发行授信6亿元支持随县发展油茶项目，省建行发放贷款5302万元支持通城、嘉鱼发展油茶基地建设。为支持油茶加工企业，降低企业贷款成本，每年拿出2000万元财政资金用于贷款贴息，以此来支持油茶企业的发展。

二、油茶基地建设

2024年，湖北省大力发展高产油茶基地建设。一是坚持实事求是原则，不强压任务，不盲目扩大油茶种植面积，本着尊重群众意愿的原则，实事求是发展油茶生产。二是鼓励产业发展基础好、群众意愿强烈的地区发展油茶生产，进一步扩大种植面积，通过低产低效林改造提高单产，增强茶油供给保障能力。为推进油茶产业高质量发展，全省以高标准严要求推进油茶生产基地建设。据统计，2024年，全省共完成油茶生产面积85.5万亩，其中新造林63.1万亩，低产低效林改造22.4万亩。中央、省级财政油茶专项资金支持完成油茶新造林面积31.7万亩，低产低效林改造面积19.2万亩，全省油茶累计造林面积超过500万亩。受2024年全省长时间持续干旱影响，全省造林成活率普遍偏低，2025年度补植补造任务量大。

强化良种保障，全面推广应用油茶良种。全省共确定64家油茶定点苗圃，14家油茶定点采穗圃，2024年全省定点采穗圃共生产供应良种穗条2003万根，春季完成新育苗4184万株，全年销售苗木3200万株。在总结生产经验基础上，湖北省组织专家推荐确定全省不同区域适宜油茶品种及配栽组合，为各地油茶栽植的品种选择提供参考，主要推广良种包括'长林3号''长林4号''长林40号''长林53号''鄂林油茶102''鄂林油茶151''湘林210号''湘林1号'等。严格筛选油茶定点采穗圃，从源头把好品种关，引导定点苗圃按需定产，严格按照"四定三清楚"要求加强苗木生产、销售环节的监督管理，确保良种壮苗上山。

湖北省林业局强化措施做好油茶苗木的供应保障工作：一是认真执行油

茶苗木生产销售"四定三清楚"原则，油茶苗木由省林业局批准的定点苗圃生产供应，苗木的穗条由省林业局批准的定点采穗圃供应，禁止到非定点苗圃采购苗木，创新性建立全省油茶种苗追溯系统，强化种苗生产销售环节的监督管理。二是根据造林任务，做好苗木的供应保障。由于2024年上半年苗木供应紧张，适当调整生产计划，要求各地根据苗木供应情况确定生产任务。三是认真把好种苗品种关、质量关，选择适宜本地区的油茶品种，实行多品种配置栽培。四是加强种苗市场的监督管理，加强执法检查，坚决打击假冒品种苗、非良种苗、劣质苗的行为。

　　强化措施推进油茶生产。一是科学规划用地。坚决贯彻落实农业用地"非农化""非粮化"要求，禁止在耕地上栽植油茶。梳理出10类油茶生产用地，印发《湖北省林业局关于合法合规利用土地保障油茶生产的通知》，进一步明确油茶生产可用地类型，充分挖掘可用地资源来发展油茶生产，其中利用建设生物防火阻隔带新增油茶面积36万亩。二是出台项目管理办法。印发《湖北省油茶产业扩面提质增效行动项目管理办法（试行）》《湖北省油茶产业扩面提质增效行动种苗管理办法（试行）》《湖北省低产林改造工程检查验收办法（试行）》等一系列规范化制度，为项目实施提供规范化的行动指南。三是严格控制造林质量。每年项目建设的完成情况由县组织自查、省级核查，检查结果作为项目建设绩效评价和发放补贴资金的依据。四是建立省、市、县三级联络员制度。在造林季节，对油茶生产、落实资金情况实行每月一调度，为项目实施进度提供持续性推力。

　　高标准建设油茶基地。省林业局组织制定出台《油茶产业扩面提质增效行动技术指南》，指导全省油茶生产，从种苗生产、林地选择、林地清理、整地、栽植、施肥、松土除草、整形修剪、病虫害防治、果实采收等新造林技术环节，及林地清理、密度调整、深挖垦复、施肥、整形修剪、复壮更新、高接换冠、病虫害防治等低产低效林改造技术等方面明确技术要求和标准。加强技术培训，建立省、市、县、镇的油茶技术服务体系，全面推广油茶丰产栽培技术、低产低效林改造标准化技术，大力推进机械化整地，加强精细化管理，提高发展质量。科学实施低产低效林改造，在客观分析低产低效林成因基础上，因林施策，采取针对性强、行之有效的改造措施，推进低产低效林改造，提高单产。充分利用随州市中央财政示范奖补项目建设打造全省油茶产业基地建设的样板，高标准建设油茶新造林、推进低产低效林改造，配套建设水肥一体化设施。高质量发展油茶生产，确保发展一片、成活一片、高产一片。全省油茶良种使用率达到100%，通过低产低效林改造后平均单产可增加30%。

三、精深加工

2024年，湖北省推进全省油茶加工产业链建设，引导茶油加工企业开展副产品精深加工，丰富产品类型，强化产品质量管理，提高产品质量，加强企业品牌宣传，提高产品竞争力。2024年，全省茶油产量6.6万吨，油茶产值突破150亿元，现有油茶企业超100家，省级龙头加工企业43家。引导各地油茶种植经营者、茶油加工企业等购置油茶果脱壳、烘干装置，全省鲜果加工能力明显提升，引导企业通过产品加工工艺改造提高生产效率，提升生产加工能力，提高产品质量，引导规模企业开展油茶产品精深加工，促进油茶资源综合利用，开发高附加值产品，生产出包括洗涤用品、护肤产品、杀菌消毒用品等附加产品，充分利用茶壳生产有机肥料。受气候影响，2023年全省油茶产量较低，2024年全省茶籽产量明显增长，2024年鲜果收购价格在1.8~2.6元/千克，干籽收购价格10~15元/千克，毛油价格90~130元/千克，精炼油价格140~260元/千克。

四、品牌建设

2024年，湖北省引导全省油茶加工企业强化产品质量管理，加强企业产品宣传，加大开拓市场力度，不断提高企业知名度、产品认知度，强化企业品牌建设，不断提升产品市场竞争力，重点培育全省乃至全国知名的茶油品牌企业。为加强茶油产品宣传，推动全省茶油产品走出去，省林业局林木种苗管理总站于2024年注册申请茶油产品公用品牌。湖北省油茶产业共有35个品牌，5个油茶地理标志产品，获得发明专利6项，有"本草天香""人人爱""四季春""茂森缘""富川山茶油""香芝源""福常椿"等知名品牌。

加强茶油宣传，提高群众认知度，积极开展油茶产品的推广活动，多次组织直播营销和招商推介活动，举办首届林特产品网络公益直播活动，帮助油茶企业宣传产品，开拓市场。开展"湖北省最受欢迎的十大森林食品"评选活动，获1000万点击访问量，油茶是其中重点推介产品。积极组织全省茶油加工企业参加全省展会，推介湖北茶油，通过电商宣传、展会展销宣传、社区直销宣传等方式，湖北油茶市场影响力不断扩大。

全省重点茶油加工企业开发出各具特色、令消费者满意的茶油产品销往全国乃至全世界。湖北黄袍山绿色产品有限公司等油茶加工企业开发"高科技含量、高附加值、高品质"的"三高"天然绿色产品，采用脱壳冷压榨工艺生产，完整保留油茶果天然的活性物质和微量元素，生产过程无高温处理，无化学添加，茶油口味纯正，同时开展副产品的精深加工，延长油茶产业链。湖北人人爱油脂有限公司的"人人爱"有机冷榨山茶油主打有机概念，原料全部采用原生态栽培，生产全过程施用有机肥，不施农药。湖北四季春茶油有限公司秉承"匠心出匠品、良心造良油"的理念，采用大别山天然优质的山茶籽低温压榨生产货真价实的纯茶油，产品连续多年通过国家有机产品认证，获得湖北省著名商标。

五、产业融合及经营模式

2024年，湖北省全力推进油茶产业一二三产业融合发展。优化一产，坚持良种良法，做到规模化、标准化种植。强化二产，进一步推动油茶精深加工，已有一批油茶加工企业开发出茶粕、油茶皂素、护肤品等油茶系列产品，显著提升产业附加值。活化三产，结合深化集体林权制度改革，围绕"油茶+"模式做文章，积极发展林下经济，促进油茶与旅游、健康等产业深度融合。发展精深加工，实施品牌战略，目前有7个品牌茶油产品在市场上广受欢迎，已有一批油茶加工企业新增了化妆品车间，开发了高附加值产品，延长了产业链。引导各地发展油茶小镇建设，在资源禀赋较好的地区，建设油茶公园等油茶文旅项目，促进一二三产业融合。

坚持适度规模经营，探索多种发展模式。黄冈市深化集体林权制度改革，由国有资产投资运营公司，采取市场化方式收储分散林权，将闲置、零散的林地适度集中，开展油茶规模经营。黄梅县发挥国有林场引领作用，引导农村集体经济组织和农户，国有林场和村集体联合开展项目共建。通城县级发挥龙头企业经营优势，发展"企业+合作社+农户""企业+家庭农场""企业+基地+农户"等经营模式，企业提供技术指导、产品深加工和市场销售，合作社负责组织农民造林和采收。谷城县大力培育多种形式的农民合作社，加快发展油茶旅游、林下经济等产业，拓展"两山"转化路径。

六、科技创新与产业支撑

2024年，湖北省大力开展科技创新，加强油茶技术研究，重点围绕油茶产业发展痛点、难点问题开展研究攻关，在油茶育种、丰产栽培、低产低效林改造、机械化种植采收、产品加工、副产品综合利用和精深加工等技术方面不断创新提升，提升油茶科学化水平，提高科技服务生产的能力。组织建立省、市、县油茶技术服务体系，加强对造林业主和企业员工的技术培训，着力提升基层技术人员的生产技术水平，提高油茶产业科技支撑能力。省林业局组织成立油茶专家服务团，选派28名省级油茶科技特派员深入各油茶种植县（市、区）实地开展科技服务、技术培训等，及时将油茶新技术、新成果、新设施在生产中推广应用，提升劳动效率，提高油茶产量和效益。

通过构建"校企共建研发中心"和"院士专家工作站"等科创平台，加强油茶早实丰产、栽培配套技术研究与示范，创新高效低产林改造模式。如麻城市在五脑山林场建立油茶科技研究院，吸引国内、省内油茶专家开展油茶技术研究工作。

七、社会服务组织

为搭建好政府与油茶企业的交流平台，方便信息交流互通，2024年11月19日，湖北省林业产业促进会油茶分会成立。油茶分会作为全省油茶产业行业的一个重要团体组织，截至2024年，会员单位已经达到84家，将油茶种苗生产、油茶种植、油茶加工（贮藏、销售）、油茶专用机械生产（销售）、油茶观光旅游、油茶科研等相关单位联结起来，集中了全省油茶产业的主要力量。全省油茶发展重点县也相应成立油茶协会组织，将会员团结起来，共同推动油茶产业发展。为服务好油茶产业，随县等地方谋划建立油茶专业化服务公司，通过公司化服务为油茶生产、加工、销售等提供社会化服务。

第五节　2023年中央财政油茶产业发展示范奖补项目

2023年，财政部、国家林业和草原局遴选江西吉安、湖南衡阳、浙江衢州、广西柳州、广东河源和湖北随州等6个地区实施中央财政油茶产业发展示范奖补项目。

一、江西吉安市油茶产业发展示范奖补项目

吉安市以中央财政油茶产业发展示范奖补项目为抓手，2024年统筹资金14.25亿元（含财政资金7.45亿元、社会资本6.8亿元），围绕"扩面、提质、增效"目标，构建"政策+科技+服务"三位一体推进体系。项目覆盖全市13个县（市、区），重点实施以下任务：一是开展基地建设。全年新造高产油茶林5.11万亩，改造低产林5.97万亩，建设油茶水肥一体化设施覆盖4.96万亩，打造300亩以上示范基地26个，推动全市油茶林总面积达282万亩，占全省油茶林总面积的16.5%。二是延伸产业链。2024年吉安市通过实施中央奖补项目，引进康寿山等3家精深加工企业，新建8个油茶收储中心，改造提升16家油茶小作坊，

形成"原料收储—初加工—精深加工"全产业链条。三是注重技术支撑。组建市、县、乡三级技术服务队，开展培训29次，覆盖2600人次，推广水肥一体化、智能管护等技术，建成油茶科技综合示范园，良种使用率达100%。四是加强品牌建设。打造"井冈茶油"区域公用品牌，授权14家企业使用，在一线城市开设旗舰店12家，电商销售额达5800万元。

通过项目实施，吉安市油茶产业发展取得良好成效。一是油茶规模与产量提升明显。2024年全市油茶鲜果产量达435万吨，茶油产能提升至2.57万吨，较2023年增长25%，综合产值突破134亿元，同比增长21%。二是联农带农作用显著。带动36万农户参与油茶产业，脱贫户人均年增收2358元，形成"人均1亩油茶林"的富民格局。三是新技术推广取得成效。推广智能水肥一体化技术，鲜果亩产提升至600千克，出油率提高3%~5%，茶油酸值、过氧化值等指标优于国家标准，部分产品获欧盟有机认证。发展"油茶+药材""油茶+林禽"等复合经营模式，套种中药材8000余亩，亩均增收2300元。

二、湖南衡阳市油茶产业发展示范奖补项目

截至2024年底，项目累计完成70738.36亩油茶示范林建设，收储中心、初加工中心、国家级油茶产品检验检测中心、专业化队伍建设、"衡阳油茶"区域品牌宣传等建设内容正按质按量有序推进，具体经验如下：

一是党政主导推进。衡阳市委、市政府坚持高规格推动、高起点规划、高标准建设，市委书记和市长亲自挂帅担任中央油茶产业发展示范奖补项目领导小组组长，多次听取项目建设情况汇报，在市林长会上专题部署，2024年签发第3号市林长令《关于进一步规范油茶采摘秩序的令》，并将该项目纳入全市重大项目管理清单。市委常委、副市长担任项目工作专班组长，多次组织召开项目推进调度会。其他市级领导通过巡林重点关注油茶项目建设，协调解决一些重点、难点问题。

二是部门协作推进。积极发挥市油茶产业发展领导小组成员单位职能，市林业局联合财政、发改委、自然资源和规划等8个部门建立中央财政油茶产业

示范项目工作专班，适时研究解决项目推进中遇到的问题和困难。

三是上下同频推进。有项目任务的7县市党委政府牢固树立"一盘棋"思想，将油茶示范项目建设纳入重要议事日程，统筹各方力量，全力全速推进油茶项目建设。

四是规范完善制度。制定《项目实施工作方案》，明确工作目标、任务、步骤等重点内容，为项目顺利推进提供行动指南和制度依据。制定"项目推进实施管理办法、资金管理办法、科技支撑方案、项目监理方案"等制度，规范强化项目建设制度保障。

五是强化考核督查。坚持目标导向，发挥考核"指挥棒"作用，将油茶示范项目建设纳入对县市绩效考核和林长制考核内容，市委、市政府将项目推进情况纳入重大工作督查范围。市林业局建立常态化项目督导专班，定期调度、常态督导、通报项目进展情况。

六是创新实施模式。积极探索项目实施新模式，创新开展"基地类采取劳务用工由建设单位自行按标准组织实施，重点生产物资实行招标采购管理，水肥一体化和产业链延伸及社会化服务体系类实行先建后补、以奖代补"等实践，探索建立一批"衡阳示范"经营模式。

三、浙江衢州市油茶产业发展示范奖补项目

浙江省衢州市中央财政油茶产业发展示范奖补项目总投资12.11亿元（其中中央奖补资金4亿元），建设期为5年，建设规模为11.55万亩（新造高标准油茶林5.55万亩，低产低效林改造6万亩）。衢州市采用项目化管理方式实施，由市级统筹出台《衢州市中央油茶示范奖补项目管理办法》《衢州市中央油茶示范奖补项目资金管理办法》，各县（市、区）分别立项，国资公司统一收储、统一施工、统一种植。

2024年衢州市已完成新造高标准油茶林1.77万亩，低产低效林改造1.75万亩。

一是开展油茶标准地建设，提升油茶产业水平。加强油茶林示范点水、

电、路等基础设施建设，打造油茶林"标准地"约1万亩，提高油茶产业水平，赋能油茶林地资源价值。如江山市峡口镇柴村，依托中央油茶项目打造的622亩油茶标准地，流转价值可提升至520多万元，单价较常规流转增长180%。

二是与林权改革相融合，助推区域共富。项目与全国林业改革发展综合试点深度融合，各地国资公司整合林业共富、国储林、中央油茶等涉林项目，把10万亩分散的油茶造林地通过村集体流转至国资公司，建设规模化种植基地，并创新融资机制，政策性银行贷款授信50亿元，已贷款4亿元，为产业升级注入强劲动力。同时国资公司优先吸纳本地乡镇和村庄劳动力，实现油茶林"一地生三金"，即流转收益金、务工收益金、种植收益金。据初步统计，农民流转林地收益共6707万元，带动周边农户就业8000人，油茶成林后种植户亩均增收2000元。同时油茶林建设将形成绿色生态屏障，兼具经济效益与生态修复功能，为衢州共同富裕提供可复制的示范样板。

三是全域布局规划，延伸油茶全产业链条。中央油茶项目紧扣"一核（常山县）两翼（江山市、开化县）三区（柯城区、龙游县、衢江区）"规划，推进油茶产业发展。主要实施龙头企业培育工程、品牌打造、茶旅融合、加工能力提升等工程，与国家林草局哈尔滨林业机械研究所合作，持续推进南方油茶机械研究所建设，目前已建油茶机械采摘标准基地2个，培育国家级林业、省级林业各1家，设立阳光工厂，加工能力年增加4500吨，举办油展大会3次，打造芳村镇油茶共富工坊，发布山茶油卸妆油、山茶油神经酸等新品，2024年油茶全产业链产值突破40亿元。

四、广西柳州市油茶产业发展示范奖补项目

（一）项目基本情况

柳州市于2023年成功获得由财政部、林草局组织实施的油茶产业发展示范奖补项目。项目计划总投入13.69亿元，其中：中央财政支持资金6亿元、自治区财政配套支持资金2亿元。项目主要由柳州市鱼峰区、鹿寨县、融安县、融水苗族自治县、三江侗族自治县承担建设任务，项目建设周期为2023—2027年，

主要任务为：在2023—2024年度实施油茶新造林4.78万亩、油茶低产林改造5.2万亩、水肥一体化建设13.49万亩，其中：2023年任务为实施油茶新造林2.82万亩，油茶低产林改造2.3万亩，水肥一体化建设8.63万亩；2024年任务为实施油茶新造林1.96万亩、油茶低产林改造2.9万亩、水肥一体化建设4.86万亩。2025—2027年任务主要是对2023—2024年实施的油茶林进行管护、提升，不再安排新的扩种任务。

（二）项目任务进度

1. 油茶新造林

截至2025年3月15日，全市油茶新造林项目任务累计完成4.67万亩，占总任务4.78万亩的97.7%，其中：2023年任务完成2.82万亩，任务完成率100%；2024年任务完成1.85万亩，占任务1.96万亩的94.4%。

2. 油茶低产林改造

截至2025年3月15日，全市项目油茶低产林改造任务累计完成4.73万亩，占总任务5.2万亩的91%，其中，2023年任务完成2.3万亩，任务完成率100%；2024年任务完成2.43万亩，占任务2.9万亩的83.8%。

3. 水肥一体化设施建设

截至2025年3月15日，全市水肥一体化设施建设项目任务累计完成10.53万亩，占总任务13.49万亩的78%，其中，2023年任务完成8.63万亩，任务完成率100%；2024年任务完成1.9万亩，占任务4.86万亩的39.1%。

（三）项目成效

1. 油茶种植面积增加

从任务进度来看，柳州市油茶种植面积进一步扩大，油茶低产林改造提升了一批老油茶林的产量，特别是水肥一体化项目的实施，有效降低了油茶林地的管理成本。2025年，全市油茶种植面积已达到79.97万亩，累计打造示范样本数量11个。

2. 油茶产量增长

随着项目区百分百使用良种、水肥一体化项目建设，以及低产林改造成效显现，茶油产量开始提升。特别通过对低产林进行垦复施肥、管护抚育等改造措施，油茶籽产量大幅提高，带动全市茶油亩均产量逐年增长，截至2024年全市茶油亩均产量达到10.7千克，茶油总产量达到8500吨。

3. 社会效益

油茶产业的发展创造了大量就业岗位。从种植、管护、采摘到加工、销售等环节，吸纳了大量农村劳动力与返乡人员就业。柳州市油茶产业示范奖补项目为当地共提供就业岗位超2万个。

（四）项目对区域产业发展的示范带动作用

1. 技术示范推广

全市举办各类油茶技术培训覆盖面达7688人次、开展油茶生产专人包点指导106个，推广高产丰产种植技术，辐射带动全市油茶种植技术水平提升，带动油茶"扩面、提质"。

2. 产业模式复制

探索产业融合经营模式，持续推广"行间间种茶叶、株间间种中草药、百香果、罗汉果、南姜"等"油茶+N"复合经营模式，通过以短养长、以养代抚的方式，提高土地利用率，缓解前期资金投入压力。如三江侗族自治县建油茶基地4000亩套种罗汉果等中药材，鹿寨县建油茶基地1600亩套种南姜，柳南区建油茶基地1200亩套种茯苓，这些复合经营模式有效缓解了油茶种植短期内收益不足的问题，为提高油茶产业综合产出做出示范样板，也让村民在家门口就能就业，增加农民收入。

3. 品牌建设及宣传推广

经过多年发展，柳州市油茶企业加工能力、产品质量和品牌开发取得了一些成效，逐步向精炼、高附加值和深加工综合利用发展，创建有"桂之坊""三椿""苗氏""侗美仙池""风雨桥""程阳桥""孟江"等茶油品牌，产品包括毛油、初级油、精炼油、化妆品基础油及茶粕综合利用等。目前，全市油茶籽加工能力超过6万吨/年，其中规模以上企业4家。成功举办首届中国（柳州）油茶交易博览会，博览会以"创新引领发展、合作共赢未来"为主题，摆展面积达

12000平方米，共有128家采购商、230多家参展商参与展会，人流量达18000人次，销售额达90.8万元，签约项目16.8亿元，形成油茶产品产供销一体化的合作模式，油茶产业宣传推广效益显著。

五、湖北随州市油茶产业发展示范奖补项目

（一）项目进展情况

第一，强化高位推动，构建上下联动、多元共促的发展格局。牢固树立大抓油茶产业的鲜明导向，建立"1+1+1"高位推动体系。一是成立由市委书记、市长挂帅的油茶产业高质量发展领导小组，统筹推进各项工作。二是聘请专业团队编制油茶产业高质量发展总体规划，从示范基地、精深加工、品牌建设等方面精心布局，为实现"2025年发展油茶林超35万亩、综合产值超10亿元"的目标搭梁建柱。三是组建油茶产业发展服务中心，成立两山林业发展有限公司、油茶产业协会，确保有机构管事、有专人干事。

第二，强化政策保障，引导资本下乡、农民上山。一是市级财政每年配套不低于1000万元支持油茶产业发展，对油茶造林抚育给予补贴。二是拓宽多元化投融资渠道，推出"油茶贷"等信贷担保产品，每年发放贷款超过1.2亿元。三是两山林业发展公司加强与农发行合作，获授信资金6亿元，结合奖补项目，推行"公司+基地+农户"、乡村合作公司共建、大户承包共建等多种合作机制，拟完成新造油茶林面积2万亩以上。湖北省现代农业集团有限公司拟在唐县镇、澴潭镇、厉山镇等地建设油茶基地5万亩。

第三，强化科技赋能，实现集约节约、节本增效。坚持精细化管理，突出水、土、肥、草、病、虫、形等七大关键技术。以全国油茶现场会为契机，通过与国家林草局哈尔滨林机所合作构建油茶智慧管理平台，实现水肥一体化自动管理，推广机械化除草和采果，探索无人机辅助授粉，预计可实现亩均降本70元、增产20%以上。

第四，强化延链补链，推动品牌经营、融合发展。一是探索推广"1+N"油茶林下经济模式，套种冬瓜和金丝皇菊等经济作物，套养"三黄鸡"等畜禽，实

现亩均增收1000元以上；二是推动油茶精深加工，开发茶油、茶粕、皂素、护肤品、有机肥等多个油茶系列产品；三是加强品牌建设，依托"随州油茶"国家地理标志，整合"喜乡随"等8个品牌，提升油茶产业核心竞争力和影响力；四是深挖炎帝文化、油茶文化底蕴，支持澴潭创建油茶特色小镇，投资打造10万亩花园形态的油茶示范带，建设30千米油茶产业旅游环线。

第五，强化利益联结，促进富民增收、共同富裕。不断深化集体林权制度改革，创新油茶社会化服务利益联结机制，通过完善乡村合作公司农户参与机制，让农户通过林地入股、土地流转、基地务工等方式参与到油茶产业链中。通过镇级服务公司利润分红和龙头企业丰产或溢价让利等多种形式，推动利益二次分配，让农户合理分享油茶增值收益。2024 年，全县通过油茶社会化服务带动相关村集体增收5万元以上，吸纳2.1万余人上山就业，人均增收3500元以上。

（二）存在的问题

第一，油茶用地采伐量大。随着"绿满荆楚""精准灭荒"等造林项目的实施，可直接用于发展油茶基地的宜林荒山、荒地越来越少，大面积的宜林荒山、荒地更显不足，适宜更新种植油茶的绝大部分是发生病虫害的低效人工商品林、退耕还林地等，需要采伐更新。

第二，水肥一体化全覆盖落实难。奖补项目要求新造林和低产林改造，必须全部建设水肥一体化设施。但水肥一体化需面积集中，水源、电力方便，还需要业主有相应的资金配套，从全县试点建设的情况看，很多地块难以落实水肥一体化设施。

第三，油茶项目地块调整受限。由于项目申报较仓促，仅在内业开展了数据筛选，既无实施主体也无外业调查基础，省财政厅要求项目地块面积调整变更不得超过10%。根据目前项目实施情况，预计2025年以后部分地块因立地条件、水源、交通、林权及造林主体等原因，调整比例会有所突破。

（三）下一步工作措施

第一，紧盯任务目标。在市委、市政府的领导下，加强领导，采取有力措施，紧盯任务目标，把握时间节点，挂图作战，全面冲刺，确保年底前全面完成项目建设任务。

第二，抓住重点企业。充分发挥国有企业和政府平台公司优势，牢牢抓住现代农业和林投公司两个重点企业，靠前服务，积极稳妥地推进现代农业5万亩油茶基地和县林投公司高城、濂潭等基地迅速动工建设。

第三，尽早落实年度规划。协调省林勘院早日开展2025年项目作业设计，力争早日落实建设地块，明确建设任务，及时动工建设，做到各项建设任务同时推进。

第四，全面推进水肥一体化设施建设。一是采取业主自主建设模式，由省级技术部门出台建设标准，业主按照标准自行建设，验收合格后给予财政补贴。二是采取县林投公司代建的模式。对于水电方便的地块，由县林投公司组织建设，建设完成后交由业主使用。三是采取县林投公司承建的模式。对于业主自己建设存在困难的地块，由业主申请县林投公司全额投资建设，建成后业主按照约定每年给予一定使用费用，待县林投公司收回建设成本后无偿交由业主使用。

六、广东河源市油茶产业发展示范奖补项目

（一）项目基本情况

中央财政油茶产业发展示范奖补项目期限为2023—2027年。项目内容包括新造油茶林8万亩、低产林改造4万亩、管护抚育12万亩、水肥一体化12万亩、良种苗圃基地0.1万亩等。项目建成后，将进一步推动河源市油茶产业高质量发展，合力提升河源市油茶全产业链发展水平，将河源市打造成全国油茶产业发展的示范样板和新高地。

1. 项目进展情况

2023—2024年油茶新造任务5.2万亩、低改任务2.4万亩、抚育任务7.2万亩、水肥一体化设施建设7.6万亩、良种苗圃基地建设0.1万亩。截至2025年3月油茶新造、低改及抚育任务已全面完成，完成率100%，水肥一体化设施建设

已完成0.22万亩,良种苗圃基地地块已落实100%。2025年油茶新造任务2.8万亩、低改任务1.6万亩、抚育任务4.8万亩、水肥一体化设施建设4.4万亩。为高效推进任务落实,市林业部门与财政部门提前谋划、协同推进,联合组织各县区召开工作部署推进会,确保工作有序开展。截至2025年3月地块已落实78%,苗木保障充足。二三产业方面已完成产业融合发展四大工程重点项目12个,剩余10个项目正在全力推进。已投入资金1.58亿元,其中财政投入0.07亿元,社会投入1.51亿元。2024年,在广东省财政厅、省林业局的关心和支持下,龙川县油茶特色产业发展项目入选省林业特色产业发展奖补支持项目,获奖补资金3000万元,进一步推动了河源油茶产业提质增效。

2.财政支付情况及原因

2023年、2024年已下达中央财政油茶产业发展示范奖补项目资金各1.2亿元,并根据实施方案任务完成情况将资金全部分解到各县区。但在实施过程中,各地因经验不足,导致作业设计及施工招投标进展缓慢,资金支付率低。现阶段正在积极推进项目招投标、工程验收和资金支出等工作,目前各县区正在积极组织2023年度及2024年度项目验收。

（二）主要做法

第一,高度重视,加强谋划。河源市政府主要领导、分管领导及市林业局多次召开会议,专题研究推进中央财政油茶产业发展示范奖补项目,督导推进项目实施。2024年2月7日,市长主持召开河源市油茶产业发展暨中央财政油茶产业发展示范奖补项目部署专题工作会,专题研究油茶产业发展工作。2024年以来,副市长谢春艳同志组织召开河源市中央财政油茶产业发展示范奖补项目工作协调推进会11次。要求各县区把落实中央财政油茶产业发展示范奖补项目当作重要政治任务,提早谋划,认真研究,加强调研,找准问题,提出有力措施,努力克服困难,共同推进项目按时保质完成。各县区相继召开油茶产业发展工作推进会,全力推动油茶生产。

第二,精心组织,扎实推进。河源市成立以市长为组长的中央财政油茶产业发展示范奖补项目工作领导小组,明确市县（区）各相关单位的工作职责,组建以林业部门为主的工作专班，负责推进油茶产业发展日常工作。市林业分管领导带领业务科室人员赴江西吉安、湖南衡阳等地学习推进中央财政油茶产业发展示范奖补项目先进经验，通过认真分析研究并结合河源市实际，制定并印发《河源市中央财政油茶产业发展示范奖补项目实施方案》《河源市中央财政油茶产业发展示范奖补项目资金管理办法》《河源市油茶产业发展技术支撑方案》等一系列制度文件。同时，与技术团队充分沟通，科学制定油茶生产任务进度表，明确时间节点和工作步骤，扎实有序推动油茶生产工作。

第三，完善机制，规范管理。各县区成立油茶工作专班，明确相关单位工作职责，形成齐抓共管工作局面，共同推进油茶生产进程。制定形成"一周一研判、一调度、一抽查、一通报"工作机制，及时掌握各县区生产进度，定期通报工作进展情况，倒逼工作推进。根据中央财政专项资金管理等文件要求，联合市财政局督促指导各县区结合实际制定资金奖补政策及管理办法，确保依法依规使用资金。严格按照申报实施方案及中央财政项目管理有关要求，保质保量实施项目。加强与技术团队的沟通对接，为各县区提供技术支撑，编制油茶营造作业设计和良种苗圃基地建设方案。邀请中国林科院、省林科院、华南农业大学、仲恺农学院等科研院所专家教授团队指导油茶产业发展，借助团队的力量科学规划油茶发展布局，提高油茶产量和质量，为高质量完成中央财政油茶产业示范奖补项目打下坚实基础。依托科研院所和技术团队力量，加强油茶良种基地、高标准油茶林建设，加强县、镇、村油茶技术服务能力建设，培育一批油茶"乡土专家"，做到县有技术专家、镇有技术骨干、村有技术能人，整合各部门资源组建基层技术团队，指导油茶生产，全面提升油茶产业发展水平。2024年以来，共组织开展油茶技术培训12次，受训人员近1000人次。

第四，强化督导，确保实效。将中央财政油茶产业发展示范奖补项目任务完成情况和资金拨付情况列入市林长制考核及全市目标责任制考核。市领导对油茶生产情况进行不定期调度，对相关情况进行通报，对排名靠后的县区政府分管负责同志进行约谈。适时到各县区实地督导、听取汇报，帮助县区查找差距，共同解决困难。

（三）存在的问题

第一，资金支出和部分项目实施进度较慢。因中央资金项目需落实"四制"要求（即项目法人制、招标投标制、监理制、合同管理制），加之工作经验不足，导致因工作流程长，资金支出进度较慢。同时部分地方没有将实施中央财政油茶产业发展示范奖补项目上升到保障国家粮油安全的认识高度，对该项目实施没有具体谋划，没有形成有力抓手，在项目实施过程中对各部门压力传导不到位，宣传发动不够，导致部分项目如水肥一体化设施建设实施进度较为缓慢。

第二，部分地方地块落实困难。河源是广东省重要生态屏障以及粤港重要饮用水源区，生态公益林面积1023.91万亩，占森林面积的59.51%；商品林面积697.74万亩，占森林面积的40.49%。同时，商品林中除纯桉林外，其他可用面积较小，因此用于发展油茶林营造的地块较少。

（四）下一步工作计划

第一，进一步提高思想认识。河源市将进一步强化思想认识，时刻保持清醒头脑，切实增强做好油茶产业发展工作的紧迫感和责任感，把落实中央财政油茶产业发展示范奖补项目当作一项重要政治任务，不断加强工作研究，加快推进项目建设进度。以中央财政油茶产业发展示范奖补项目为契机，围绕"扩规模、提质效、延链条、优品牌、强科技"的发展思路，力争将河源打造成全国范围内拿得出、叫得响的油茶产业发展示范高地。

第二，进一步细化工作措施。针对目前工作中存在的短板弱项，进一步细化任务分工、制定任务清单、明确时间节点、形成倒逼机制，因地因时施策，扎实推进各项工作进程。同时，根据2024年工作经验，对2025年油茶生产工作进行提前谋划，充分做好前期准备工作，确保按要求完成目标任务。

第三，进一步规范项目管理。督促各地结合当地实际制定资金及项目管理办法，完善工作机制。在地块落实、作业设计、林地清理、整地挖穴、苗木准备、种植等各个环节加强指导监督。签订规范实施合同，明确项目实施工期、工序、质量、安全、验收等方面内容，严格规范项目实施程序和资金拨付流程，进一步精简、优化项目实施工序，扎实推进项目作业设计、招投标、验收等工作。

第四，进一步加大督导检查力度。鉴于各县（区）已与市林业局签订油茶产业发展目标责任书，进一步建立健全督导检查机制，严格按照责任制相关要求，重点对地块落实、经营主体、建设进度、工程质量、资金拨付等情况进行定期督办，确保整个项目如期完成。

第六节　2024年中央财政油茶产业发展示范奖补项目

2024年，财政部、国家林业和草原局遴选了湖南永州、江西赣州、河南信阳、浙江丽水、湖南株洲、广西百色、广西河池、贵州铜仁等8个地区实施中央财政油茶产业发展示范奖补项目。

一、湖南永州市油茶产业发展示范奖补项目

（一）项目基本情况

项目总投资10.48亿元。项目建设涉及良种繁育基地、高标准油茶林、鲜果加工收储中心、精深加工、品牌建设、社会化服务体系等六大示范工程。项目建成后，积极打造油茶产业发展"三链协同、三业联动、三产融合"永州样板，努力实现从油茶大市到油茶强市的跨越。

（二）主要做法及成效

第一，组织领导坚强有力。永州市委、市政府高度重视、高位推动。2024年市政府第60次常务会议专题听取油茶产业工作汇报，审议《永州市中央财政油茶产业发展示范奖补项目工作方案》。市政府分管领导组织召开专题推进会，听取项目工作情况，研究调度项目建设工作。市林业局、财政局建立项目协调机制，明确分管领导、责任科室、具体人员负责项目建设工作。先后6次联合召

开协调会,研究推进项目建设重点工作。市林业局成立重大项目工作专班,工作专班实行集中办公、实体化运行,与项目归口业务科室分工协作,共同推进项目建设。

第二,制度体系逐步完善。对照中央财政油茶产业发展示范奖补政策要求和永州市项目实施方案,市林业、财政多次研究会商,共同起草项目实施和管理的"一方案两办法",《永州市中央财政油茶产业发展示范奖补项目工作方案》已通过市政府常务会议审议,正式印发施行。《永州市中央财政油茶产业发展示范奖补项目建设管理办法(试行)》《永州市中央财政油茶产业发展示范奖补项目资金管理办法(试行)》已经市林业局、市财政局联合印发施行。"一方案两办法",明确了项目建设和管理的大体思路和主要举措,坚持"三统三分"原则(统一作业设计、分县施工作业,统一工程监理、分类招标采购,统一资金管理、分段拨付资金),严格把关作业设计、招标采购、施工质量、资金管理等重点环节,确保各项工作有序推进、有效落实。同时,市林业局研究起草项目实施管理细则、物资供应管理工作方案、检查验收办法等配套文件,确保项目实施有章可循。

第三,年度任务有序推进。完成2024年度作业设计及报批工作。通过公开招标,已经基本完成苗木和肥料物资采购,正有序推进新造、低改等项目建设工作。

二、江西赣州市油茶产业发展示范奖补项目

(一)项目基本情况

在赣州市中央财政油茶产业发展示范奖补项目总建设任务中,涉及油茶资源培育类的任务总规模为23.8万亩(包括油茶营造林面积18.79万亩,营造林项目外水肥一体化建设面积5.01万亩)。在油茶营造林18.79万亩任务中,包括高标准油茶林新造面积13.21万亩、低产油茶林更新改造面积0.89万亩、低产油茶林抚育改造面积4.69万亩。整个项目建设水肥一体化设施面积15.79万亩,其中营造林项目配备水肥一体化设施面积10.78万亩,营造林项目外水肥一体化设

施面积5.01万亩，并配套建设管护用房、生产道路、作业便道等基础设施。

（二）主要做法及成效

2024年，赣州市高度重视油茶产业发展示范奖补项目，积极推进各项工作有序开展。

第一，完成项目年度资金的分解工作。赣州市财政局联合赣州市林业局，根据有关资金管理办法，2024年已将中央财政项目奖补资金1.8亿元、省级配套资金860万元随项目年度计划任务落实到各县（市、区）和有关实施单位。其中省级配套建设资金主要用于项目建设内容中涉及的二三产业的部分。

第二，加强项目监督管理工作。赣州市政府办印发《赣州市中央财政油茶产业发展示范奖补项目实施方案》，将项目建设内容和任务分解至各县（市、区）。赣州市林业局联合市财政局印发《关于印发赣州市中央财政油茶产业发展示范奖补项目资金管理办法的通知》，并起草《赣州市中央财政油茶产业发展示范奖补项目建设标准（送审稿）》，为项目顺利推进实施奠定良好的政策保障。项目各项建设工作有序推进。赣州市2024年完成油茶新造2.27万亩，落实水肥一体化面积4.98万亩，完成小作坊改造提升示范点建设29个，推进实施油茶初加工服务点10个，信丰县、上犹县、定南县、兴国县、经开区已落实企业并启动建设。推进建设油茶仓储交易中心1个，推进建设油茶产业融合和数字化基地1个，推进建设油茶服务中心3个和油茶科技综合示范站1个。同时加大了品牌宣传力度。积极完成2024年中国品牌价值评价工作，组织市内相关油茶生产企业赴深圳、青岛、天津、北京等地开展营销推介活动，累计签署18份供销协议，有效助力赣南茶油在一二线及北方城市的推广。在央视多频道黄金时段投放品牌宣传广告，与中国绿色时报签订赣南茶油品牌宣传合作协议，配合开展中央广电总台"品牌强国工程—乡村振兴典范"公益传播服务项目——《赣南茶油》品牌宣传、"学习强国"专场直播等活动，持续做优做强品牌宣传，提升"赣南茶油"品牌的知名度和影响力。

三、河南信阳市油茶产业发展示范奖补项目

（一）项目基本情况

项目总投资10.69亿元。其中，中央财政资金5亿元，省级财政资金5000万元，市级财政配套资金3000万元，县级财政配套资金1.7亿元，社会资本投入3.19亿元。项目内容涵盖良种繁育、高产种植、精深加工、仓储物流、融合发展、品牌建设等10个方面。主要包括新造油茶林5.93万亩、低产林改造1.02万亩、管护抚育6.53万亩，全部建设配套水肥一体化设施，共13.48万亩。项目建成后，将引领带动项目区油茶林实现稳产高产，提升油茶全产业链发展水平，打造中国北部拓展区优质油茶高产种植示范高地，创建大别山油茶产业集群创新示范区。

（二）主要做法及成效

第一，高度重视，精心组织。信阳市高度重视中央财政油茶产业发展示范奖补项目建设，市委、市政府专项召开项目建设推进会听取汇报并进行安排部署，将油茶示范奖补项目纳入市级统筹重点项目库进行日常管理，统筹协调各方资源，提高项目实施的精准性和有效性。市林业局、市油茶产业发展中心多次召开项目推进工作会，安排落实项目建设具体工作，及时研究解决项目推进过程中存在的问题、困难。市直相关单位进一步强化协同配合，按照职责分工建立健全协商联动机制，共同推动项目建设顺利实施。

第二，科学设计，规范实施。信阳市紧扣项目实施方案，因地制宜、科学规划，严格按照油茶造林技术规程要求，组织骨干力量，聘请高水平第三方机构，扎实开展项目外业调查和内业设计工作，坚持做到作业设计精准、小班地块精准、实施地点精准、技术指导精准，确保项目作业设计更具科学性和可操作性。林业主管部门认真核查项目用地情况，将地块图斑落实到村、到组、到点，杜绝项目违法违规用地风险，确保项目地块"能落地、能上图"。在项目建设过程中牢牢把握"谁受益、谁建设、谁管护、谁负责"原则，严格按照项目作业设计施工，在油茶良种选择、栽培技术、抚育管理、水肥一体化等方面把好

技术关、质量关，确保项目建设高质高效推进。

第三，压实责任，强力推进。成立油茶示范奖补项目领导小组，进一步强化责任落实，由林业部门牵头抓总，做好业务指导，财政部门强化项目资金绩效管理，县区、乡镇分别落实主体责任和属地责任，全力推进项目实施。市级下发《信阳市林业局关于做好中央财政油茶产业发展示范奖补项目建设工作的通知》，提出项目建设要求，下达任务清单，明确时间节点，为项目实施提供根本遵循。为保障项目顺利实施，市油茶产业发展中心多次组织召开示范奖补项目技术培训会，邀请行业专家对油茶企业、合作社和种植主体等进行技术技能培训，有效提高油茶种植管理水平。同时组建项目专家顾问团队，加大对项目实施中良种繁育、造林工程、水肥一体化设施建设等方面的技术指导，提高造林成活率和结果率，夯实项目建设技术支撑。

第四，严格管理，强化督导。信阳市严格按照政府采购、财政评审的要求，认真落实施工合同制、工程监理制、竣工验收制、项目资金绩效评价制等制度，确保项目依法合规按程序要求实施。出台《信阳市中央财政油茶产业发展示范奖补项目资金管理办法》，加强资金使用管理，严禁截留、挪用、挤占中央和省级财政预算资金，充分发挥资金使用效益，切实做到项目资金专款专用、及时拨付。持续加大项目建设过程中的跟踪问效，督导检查，将项目完成情况纳入"林长制"考核管理，林业主管部门联合市委、市政府督查局开展油茶示范奖补项目专项督导，定期调度、通报项目进展情况，宣传报道优秀典型、经验做法，有力保障油茶示范奖补项目顺利实施。

四、浙江丽水市油茶产业发展示范奖补项目

（一）项目基本情况

2024年，丽水市获批浙江省丽水市中央财政油茶产业发展示范奖补项目。总投资10.93亿元，其中中央补助4亿元，主要用于一产，地方财政投入3.87亿元，社会资本投入3.06亿元。

结合丽水油茶产业发展布局，项目以"一带、两翼、三中心"为总体布局，通

过建设九大核心工程（高标准油茶林新造工程、低产低效林改造工程、水肥一体化设施建设工程、优质良种壮苗培育工程、林区基础设施建设工程、油茶加工提升改造工程、油茶龙头企业培育工程、丽水茶油品牌打造工程和产业融合创新发展工程），推动丽水油茶"扩面""提产""增效"，促进油茶全产业链融合发展。预计到2028年油茶一二三产业深度融合发展模式基本形成，示范区高标准油茶林盛果期亩产茶油超50千克、低改林亩产茶油超35千克、全市油茶产业总产值突破55亿元，种植户亩均年增收1800元，带动就业人数4万人以上。

（二）主要做法

第一，坚持统筹规划、突出重点。统筹考虑丽水市油茶产业实际分布情况，因地制宜、适地适树、科学布局，以优质良种壮苗培育、油茶加工提升改造、油茶龙头企业培育、丽水茶油品牌打造、三产融合创新发展为重点，进一步巩固青田县全市油茶产业发展的核心地位，打造浙皖闽赣四省边界地区油茶集散地，将莲都区打造成为全市油茶产业发展品牌运营中心，将遂昌县打造成为浙南山区低产低效林改造和复合经营示范中心，以点带面，多点示范，推进油茶产业的整体、有序、全面发展。

第二，坚持提质增效、融合发展。坚持以增量提质为核心的一二三产业转型升级。坚持油茶的良种培育与油茶造林全面良种化，全面推广油茶高产优质栽培技术；坚持新造林和低产低效林改造相结合，适度扩大高产高质种植规模，着力提升油茶质量。加强油茶产业关键技术研发，推动油茶精深加工产业提档升级。开展油茶复合经营，推动产业融合发展；壮大三产融合发展，打造产业新亮点。强化市场营销体系建设，推进线上线下销售融合，推进国内国际销售融合，畅通油茶籽、茶油等流通渠道。

第三，坚持建立标准、打造品牌。加大丽水市油茶产业标准体系建设力度，建立覆盖油茶全产业链的标准体系，用标准化的理念规范油茶种植、加工和经营。依托"丽水山耕"区域公共品牌，制定"丽水茶油"质量标准体系和品牌管理办法，建立健全茶油产品质量可追溯体系，加强丽水茶油品牌保护，提升"丽水茶油"品牌的知名度和美誉度，将"丽水茶油"培育为浙江乃至全国的知名油茶品牌，支撑和维护油茶产业高质量健康发展。

（三）主要成效

坚持在做实项目、用好资金、把握进度的基础上，努力出经验、出精品、出标杆。

第一，推进一产扩面提质。聚焦扩面和提质两个关键，开展油茶保供专项行动，聘请国家油茶科学中心首席专家姚小华研究员作为技术顾问，组织开展油茶种植技术培训，指导各县（市、区）建设高标准油茶示范基地，超额完成省级下达的油茶保供任务。同时，在青田、龙泉、松阳等地试行油茶低温气象指数特色保险，有效提升油茶经营抗风险能力。2024年油茶籽产量达6万吨（折合茶油约1.25万吨），较2023年增长10%左右，每亩为林农增加收入约550元。

第二，做强二产精深加工。坚持招大引强和本地培育相结合的原则，大力引育扶持"链主"型龙头企业，2024年新招引落地油茶生产线2条，新增省级林业龙头企业1家，培育油茶销售额超千万元的龙头企业4家。

第三，做大三产品牌营销。聚力推进标准建设、销售推广和品牌宣传三方面工作。在标准体系建设方面，制定《油茶鲜果工厂化预处理技术规程》《油茶籽油加工技术规范》等相关标准5个，新增实施油茶产品SC认证7项，确保油茶品质和食品安全。品牌宣传方面，采取"兴业态、树品牌"策略，通过加盟大平台、大品牌和区域公共品牌，开展电商直播和加强广告投入等，扩大油茶产品知名度。产品销售方面，开展"线下+线上"产品推广，拓展多元化的销售渠道。新增进驻大型商超产品6个。积极参加义乌森博会等展会展销，通过商会、乡贤等活动加强山茶油推介宣传。

五、湖南株洲市油茶产业发展示范奖补项目

（一）项目基本情况

项目总投资10.8亿元，其中，中央财政奖补5亿元，省财政奖补1亿元，市县财政配套1亿元，社会资本投入3.8亿元。项目建设涉及油茶新造、低改、水肥一体化、宜机化、茶果储运初加工、油茶品牌等内容。项目建成后，项目区茶油

亩均产量将达到34.73千克,推动株洲油茶产业在全省、全国范围内形成显著优势。

(二)主要做法

第一,市级高位推动。油茶奖补项目纳入株洲市2025年"项目攻坚提质年"重点项目库,株洲市委书记、市长每月调度项目工作进展情况,市委常委、市委秘书长联系市领导,每周研究项目工作情况。政府常务会议专题研究油茶奖补项目工作,明确实行专班推进的工作机制,市县政府分管领导担任专班组长,政府分管秘书长、财政局局长、林业局局长分别担任专班副组长,发改委、财政、林业、自然资源等9部门各尽其责,统筹推进项目组织实施。召开全市油茶奖补项目专题推进会3次,市委常委、常务副市长、分管副市长分别部署项目推进工作。

第二,明确实施路径,完善工作机制。市、县林业局分别成立以局长为组长的项目工作专班,明确专人专职推进项目具体工作。成立专家团队。聘请中南林科大、省林科院、省林勘院等油茶领域资深专家,分县一对一开展项目建设工作指导。制定管理制度,制定《湖南省株洲市中央财政油茶产业示范奖补项目实施工作方案》和《湖南省株洲市中央财政油茶产业示范奖补项目资金管理办法》,学习吉安、衡阳等地的工作经验,明确项目实施方式、奖补形式和工作原则。

第三,有序推进年度项目建设任务。召开专题工作会议,部署推进作业设计编制工作,细化工作时间表,制定工作任务清单。稳步推进招投标、新造、低改等项目建设工作。

六、广西百色市油茶产业发展示范奖补项目

(一)项目基本情况

项目实施区域涵盖百色市12个县(市、区),建设总规模为18.99万亩,其中,新造油茶林5.06万亩,实施油茶低产林改造10.32万亩,现有油茶示范基地配备水肥一体化设施3.61万亩。

根据《广西壮族自治区财政厅关于下达2024年林业草原改革发展资金（中央财政油茶产业发展示范奖补项目）的通知》文件，2024年度、2025年度中央下达百色市项目资金3.6亿元，已下达市级财政；市县级财政配套1046万元。项目资金由市级财政统一管理，按照"市级统一管理，县级向市级报账"的方式执行，资金拨付以县级检查验收结果为依据。2024年12月，百色市人民政府印发《百色市中央财政油茶产业发展示范奖补项目建设工作方案》，同时通过公开招标方式聘请国家林业和草原局华东规划院编写项目作业设计。

（二）项目推进情况

截至2025年3月，完成新造高产油茶林3万亩，实施低产林改造2.43万亩，新造林成活率达到90%以上，低产林改造验收合格率达90%以上，林木良种使用率100%。水肥一体化项目已进入公开招投标阶段。在示范项目的引导下，带动就业人数超过2万人，2024年油茶年综合产值达到48.48亿元，一产年亩均产值超过1286元。

（三）主要做法

第一，强化组织领导。成立由百色市人民政府主要领导为组长，各县（市、区）人民政府、市直相关部门主要负责同志为成员的项目建设工作领导小组，统筹推进项目建设。

第二，精准压实责任。成立项目建设工作专班，配备12名专职工作人员，由市林业局班子成员为责任领导，采取"分片包保"的方式，分6个工作组，对应12个县（市、区）协调推进项目建设。

第三，分类施策。针对项目实施区域情况，按照相关规定要求，采取分标段统一施工、林地经营权人自主施工等不同方式落实实施主体，更加有力地推动项目建设。

第四，紧盯资金管理。综合考虑县级财政压力，经市人民政府同意，项目建设坚持"自治区指导、市负总责、县抓落实"的工作机制，资金由市级财政统一管理，按照"市级统一管理，县级向市级报账"的方式执行，资金拨付以县级检查验收结果为依据，保障项目资金能够全额用于项目建设。

（四）下一步工作计划

第一，压实主体责任。进一步压实各县（市、区）和相关责任单位的主体责任，将项目建设纳入林长制考核指标，严格项目全过程的跟踪监管，保质保量完成项目建设。

第二，抢抓春季造林。统筹规划好油茶造林用地，通过优先采伐安排指标、调整公益林、国家储备林项目等措施，全面开足马力，积极开展油茶新造林整地挖坎、苗木采购调运和种植等工作。

第三，筹措配套资金。通过政策激励等方式，引导企业参与项目建设，把社会资本投资落到实处，特别是在用地保障、奖励补贴、税收等方面，服务好参与项目建设的企业，为企业提供良好的营商环境。

第四，强化项目监管。将项目建设全过程纳入监管范围，对采取林权人自主施工方式实施的，严格按照施工进度进行阶段验收，完成造林后，严格执行第三方验收。严格落实监理制度，确保项目建设的质量。

七、广西河池市油茶产业发展示范奖补项目

（一）项目基本情况

2024年，广西河池市成功申报并实施中央财政油茶产业发展示范奖补项目，该项目以"县域统筹、全链发展"为核心，布局西部核心区、东部适宜区和南部潜力区三大发展区，总投资13.6亿元，其中中央财政补助资金6亿元，自治区配套资金1.8亿元，社会资本投入资金5.8亿元，规划建设总规模20.69万亩，包含新造油茶林6.36万亩、低产林改造11.17万亩及水肥一体化示范林3.16万亩。项目通过整合政策、资金和技术资源，旨在推动油茶产业标准化、品牌化、智慧化发展，打造全国全区油茶产业示范标杆。

（二）项目实施情况

截至2025年3月15日，第一批中央财政补助资金1.8亿元已经分解下达到各县（区），项目正在加紧编制作业设计。项目新造林任务地块63578亩已全面落实，并已完成抚育改造面积17168亩，新种植面积1190亩。低产林改造2.4万亩

和水肥一体化1.4万亩未落实地块。

（三）下一步工作计划

第一，加快春季造林进度。充分利用采伐迹地、荒山荒地，发动林农利用春季造林黄金季节挖掘造林潜力，加快造林进度，指导各县区围绕目标任务，完成上级下达河池市中央财政油茶产业发展示范奖补项目新造林生产任务。

第二，深挖潜力，落实低改及水肥一体化地块。继续加大力度深挖潜力，根据自治区林业局的工作指导意见，落实低改及水肥一体化任务，避免影响项目作业设计的编写和专家评审工作。

第三，加快项目作业设计的进度。督促编制项目作业设计第三方公司加快编制工作，全力配合第三方公司开展内外业工作，争取在3月底完成项目作业设计各项工作。

第四，加强苗木监管，督促各地林业局加强苗圃苗木的监督检查。严厉打击非法生产、销售假冒伪劣油茶苗木的行为。建立健全油茶苗木生产、销售、使用等环节的监管体系，确保油茶苗木品种纯正、质量可靠。

八、贵州铜仁市油茶产业发展示范奖补项目

（一）项目基本情况

2024年，全市新造林任务40162.7亩，截至2025年3月，已落实地块29224.6亩，完成率为72.77%；已完成林地清理10326.33亩，完成率为25.71%；已完成整地7860.8亩，完成率为19.57%；已完成打穴6076.2亩，完成率为15.13%；已完成施肥3076.8亩，完成率为7.66%；已完成植苗2748亩，完成率为6.84%。抚育改造任务8706.9亩，已落实地块2579.7亩，未落实地块6127.2亩，完成率为29.63%；已完成林地清理2346.94亩，未完成林地清理6359.96亩，完成率为26.95%。更新改造任务31404.5亩，已落实地块10704.61亩，完成率为34.09%；已完成林地清理5902.05亩，完成率为18.79%；已完成整地3209.89亩，完成率为10.22%；已完成打穴3177.58亩，完成率为10.12%。

（二）存在的问题

第一，地块落实难。一是耕地保护政策限制。受耕地保护政策影响，大量设计图斑作为后备耕地图斑被列入耕地保护整改工作。二是林木采伐政策限制。松桃苗族自治县等在省级下发的项目图斑后备库中选择基本适宜油茶生长的地块，但大部分都是林地，需要进行采伐后才能实施油茶奖补项目。三是项目用地互相冲突。光伏项目、退化林修复项目用地与油茶奖补项目用地互相冲突。四是实生老油茶林不适宜进行抚育改造。以松桃苗族自治县为例，全县约有4.2万亩20~40年树龄的马尾松林下实生老油茶林，密度大约在200株/亩。由于更新改造成本高，采伐程序烦琐，群众倾向于对老油茶林进行抚育改造，但按照《铜仁市油茶种植奖补项目宣传手册》现有奖补政策，老油茶林抚育改造无奖补政策支撑。五是大量现有油茶基地亟须抚育管护资金。为加强林业项目"一张图"管理，国家森林资源智慧管理平台规定，属于中央财政资金投资的油茶改造地块需要上图入库，且3年内不能再覆盖中央财政油茶改造项目。然而现存油茶基地绝大部分均在近3年内享受过类似资金支持。

第二，作业设计图斑可操作性不强。一是设计图斑可利用率不高。省级批复的作业设计图斑，由于坡度过大、岩石裸露率高、立地条件差等因素，只有50%左右的地块适合用来栽种油茶，其他地块需重新调整纳入设计。二是图斑破碎。省级批复的作业设计图斑，很大一部分零散破碎，与建设相对集中连片高标准油茶示范基地的初衷相违背，加之交通不便，很难找到合适的种植主体实施。三是采伐工作量大。省级批复的作业设计图斑，不到10%的图斑不需要采伐可直接实施油茶奖补项目，其他图斑需采伐后才能实施，如果在这些图斑上实施，势必会大量砍伐林木，有降低森林覆盖率、引发舆情的风险；加之采伐马尾松林，不能按照木材市场价采伐，只能按照松材线虫疫木处置，价格低，群众工作很难做通。

第三，主体信心不足，存在观望心态。部分种植大户因之前的产业项目资金未兑现到位，现仍然担心2024年中央财政油茶产业发展示范奖补项目资金也会出现类似情况，所以始终处于观望状态。

第四，工作合力未形成。一是部分专班人员未到位。二是县、乡联动工作格局未形成。鉴于出现的历史遗留问题，乡镇畏难情绪严重，宣传发动不到位，多个乡镇油茶奖补项目未实际动工、未落实种植主体、未落实种植地块。

（三）下一步工作建议

第一，完善政策措施。一是充实土地政策落实措施。除采取签订《土地经营权流转合同》落实土地外，建议增加农户与种植主体以签订委托书的形式来落实土地。农户委托种植主体负责第一年的油茶种植及后5年的管护工作，油茶奖补资金归种植主体所有，6年后，种植主体将油茶基地退还给农户自行管护、采果并享受收益。二是增加采用"四旁"植树模式实施油茶奖补项目，解决地块落实难、面积不足等问题。三是针对退化林修复等项目用地，建议调整作业设计，优先考虑好地、优地用于油茶奖补项目用地。四是出台实生老油茶林改造政策。尽快研究制定老油茶林改造的奖补政策，明确奖补标准、技术标准。纳入老油茶林改造的地块，抵扣新造或更新改造的任务指标，解决地块落实难问题。

第二，尽快落实区县工作经费。根据各区县任务数及项目推进情况，尽快研究解决区县专班工作经费，由铜仁市梵森林业发展有限公司从项目管理费中列支，打入区县林业局对公账户。

第三，尽快召开市级层面推进会。根据《铜仁市人民政府办公室关于印发贵州省铜仁市2024年中央财政油茶产业发展示范奖补项目实施方案的通知》文件精神，召开项目推进会议，督促各项目区县专班高效运转，抓好统筹协调，快速推动项目建设，确保按时完成建设任务。

第四，压实区县工作责任。立即组织区县林业局、乡镇对2014年以来享受过中央资金但未能上图的图斑进行现场核实，根据地块实际现状纳入新造、更新改造或抚育改造范围。根据核实结果，对新造、更新改造或抚育改造任务进行重新优化并分解至各乡镇。

第五，强化宣传发动。会同各乡镇人民政府、村委会，通过动员会、技术培训会、座谈会、群众会、院坝会、走访等多种形式，广泛宣传该项目的奖补政策,动员有能力、有意愿的油茶相关企业、专业合作社、集体经济组织、家庭林(农)场及大户等种植主体积极参与到油茶产业发展中来,尽快掀起项目建设高潮。

第七节　几点启示

第一,政策与资金支持是关键。各地政府的政策引领和资金扶持对油茶产业发展起到至关重要的作用。湖南围绕油茶千亿产业目标,出台多项政策,从种植、加工、品牌建设等方面给予支持,并积极争取中央和省级资金,加大金融支持力度。江西、广西、湖北等地也通过制定行动计划、给予财政补贴、推出金融产品等方式,推动油茶产业发展。

第二,基地建设是基础。加强油茶基地建设,是提高油茶产量和质量的基础。各地在基地建设中,注重规范种苗质量管理,高标准开展新造和低产林改造,完善基础设施建设。湖南规范油茶种苗生产供应,建设高标准油茶基地,提升机械化水平;广西严格落实油茶造林"三个百分之百"要求,保障苗木供给。

第三,精深加工与品牌建设是提升竞争力的核心。发展油茶精深加工,丰富产品类型,加强品牌建设,能够提高油茶产业的附加值和市场竞争力。湖南、江西等地的油茶加工企业不断创新加工工艺,开发出多种高附加值产品,并积极打造公用品牌和区域特色品牌。

第四,产业融合与经营模式创新是发展动力。推进油茶产业与文旅、林下经济等融合发展,创新经营模式,能够拓展产业功能,提高综合效益。各地通过打造油旅融合景点、发展林下套种等方式,推动产业的多元化发展。永州市将油茶产业与旅游业融合,打造唐家山景区;邵阳市邵阳县在油茶林试点套种菌菇和中药材。各地还探索出多种经营模式,如"公司+农户""合作社经营"等模式,激发产业发展活力。

第五，科技创新与人才培养是重要支撑。科技创新和人才培养是油茶产业发展的重要支撑。各地依托科研平台，开展关键技术攻关，加强标准体系建设，培养专业技术人才。湖南强化油茶科技创新，开展太空育种等研究，并依托高校培养林业特岗人员；广西在种质创制、种苗繁育等方面取得突破，形成完善的科技推广体系。

第六，社会服务组织是助力。各类社会服务组织在油茶产业发展中发挥着重要的桥梁纽带作用。省级、市县层面的油茶产业协会积极开展产业宣传、技术培训、品牌授权等工作，社会化服务组织提供专业的生产服务。充分发挥社会服务组织的作用，加强行业自律，促进信息交流与合作，为油茶产业发展提供全方位的服务。

油茶产业发展重点企业

油茶产业作为我国特色优势产业，近年来发展势头强劲，涌现出一批具有较强竞争力和影响力的龙头企业。这些企业通过科技创新、品牌建设、市场拓展等手段，在推动油茶产业规模化、标准化、品牌化发展方面发挥了重要作用。本章将重点介绍几家在油茶种植、加工、销售等环节具有代表性的企业，分析其发展模式、成功经验以及对产业发展的引领作用，为油茶产业高质量发展提供参考和借鉴。

第一节　湖南大三湘茶油股份有限公司

湖南大三湘茶油股份有限公司（以下简称"大三湘公司"）坚持"科技兴油茶产业"路线，针对油茶产业的瓶颈问题，以种植高产油茶和加工高品质茶油为目标，通过科技创新，先后研发出冷榨冷提、鲜果鲜榨和油茶鲜果连续制油技术，首创油茶庄园模式、以"大三湘庄主会员"为核心的全域流量漏斗营销模式和以"东方树+"为核心的油茶产业互联共享营销模式，不断探索油茶品牌营销新思路，并将自身的营销经验赋能种植户和中小茶油品牌，以"东方树+"的方式开展联合营销、抱团营销等新模式。当前已帮助30多家茶油企业实现品牌化、品质化，进而提高市场竞争力。

一、公司基本情况

大三湘公司于2009年在衡南县工商局注册成立，注册资金1.65亿元，累计投资6亿元。公司是一家专注于从油茶育苗、种植、加工到销售的全产业链经营的农业产业化国家重点龙头企业、国家林业重点龙头企业、国家高新技术企业、国家油茶加工技术研发专业中心、国家绿色工厂、国家级放心粮油加工示范企业、省级认定企业技术中心、全国"万企帮万村"精准扶贫行动先进民营企业。下辖湖南大三湘茶油电子商务有限公司、湖南大三湘生态发展有限公司、衡南县大三湘农业发展有限公司、祁东县大三湘农业发展有限公司、永州大三湘油茶科技有限公司等10个子公司和1个油茶育苗基地。

创立15年来，公司一直走"科技兴油茶产业"路线，获得专利等自主知识产权217项，其中发明专利148项。公司注重品牌建设，"大三湘原香山茶油""大三湘浓香山茶油"等3款产品获准使用"湖南茶油"省级区域公共品牌；通过ISO 9001、ISO 14001、HACCP体系认证和中国有机、欧盟有机认证；制定"初榨山茶油""原香山茶油""山茶油""鲜榨山茶油"等4项企业标准，技术标准达到国内领先水平。按照"龙头企业+基地+合作社+农户"的农业产业化经营模式，公司共发展优质油茶种植基地60万亩，其中自建包括3个油茶庄园在内的高标准油茶示范种植基地4万亩，发展优质油茶种植基地（订单收购）56万亩，建有湖南省油茶良种定点育苗基地500亩。带动农户8.5万户，辐射带动周边农户2万户，基地农户户均年增收4500元。

2024年，公司实现销售收入44685万元，利润总额3607万元，净利润3066万元，同比增长10%。

二、2024年公司种苗繁育和销售情况

公司于2018年组建苗木公司，以湖南省林业科学院选育的"湘林"系列和中南林业科技大学选育的"三华"系列为主要培育品种。每年培育优良品种500万株，2024年销售额达1200万元，销售良种油茶苗400万株，以三年生大苗的销售为主，价格在3~6元/株，主要销售区域为湖南、湖北、广西、贵州等地，基本以大宗采购为主，并通过短视频引导线下销售。

2024年，公司启动产业互联网服务，整合加工环节提供从种苗服务、种植到双品牌加工及农业服务业务的全链条服务，为种植户提供一站式产品服务，种植合作社只需把重心放在产品销售上。依托良种良法，为农户增收提供支持，也是公司产业互联网新业态的重要组成部分和品质品牌保障的基础。

三、2024年公司油茶基地建设情况

2024年，公司在东方树油茶庄园全面升级灌溉系统，采用水肥一体化滴灌系统，该系统实现灌溉、微生物菌肥施用、水溶肥施用及水肥发酵的联动。根据土壤营养含量检测结果结合油茶不同品种生物学特性，以及春梢期、花芽分化期、膨果期、油脂转化期、开花期等对营养的需求，再检测相应时期叶片糖分和矿质营养的积累量，实现科学水肥控制，比如在春梢老熟前检测碳氮比，分析营养生长和生殖生长的方向，提前控水控氮等，提高花芽分化率、开花质量和坐果率，通过优良品种大苗种植结合水肥一体化技术，形成油茶种植的精准化管理；用良种良法实现油茶的高产稳产。

四、2024年公司茶油新产品开发情况

公司始终以茶油品质为核心，通过技术的不断创新，2024年投入1300万元升级改造浓香油茶籽油连续制备生产线，实现油茶籽油从茶果到浓香茶油全过程连续化、自动化生产。对温度、水分、重量等指标实现实时监测，确保油茶籽压榨前的湿度能够保持一致性、安全性。同时，为进一步降低加热对油茶籽油活性营养的降解，公司创新微波连续增香技术，低温干燥后实现油茶籽8~10分钟增香，其加热均匀、时间短、破坏性小。

公司主打鲜茶油。通过对鲜果鲜榨技术的优化，摆脱原有需加热去除助剂的困扰，实现油茶籽油鲜果鲜榨2.0的突破。技术升级经历2年的实验室研究及1年的中试测试，2024年实现车间量产，从油茶鲜果到茶油无需烘干，全过程仅需3小时，真正实现快速高效制备。所产毛油经低温冷提处理即可获得新鲜茶油，活性营养成分高效保留，同时能耗大幅降低。公司为行业内唯一采用鲜油茶果不经烘烤干燥处理实现茶油高效制备的企业。该技术打破传统加热烘干制备茶油的技术瓶颈，茶粕未经烘干压榨处理，其蛋白等组分更完整地得以保存，为后期副产物开发提供原料基础。此外，分离后的重相中富含油茶皂素、多糖、多酚等活性成分，为后续产品开发提供了便利的原料支持。

五、2024年公司茶油副产物开发情况

在多年产业实践中，公司发现传统油茶产业模式存在发展滞后、农户收益低下等问题。若企业仅依赖茶油系列单一产品，既无法保障行业可持续发展，也难以平衡农户增收与消费者获取高性价比产品的需求。为此，公司以鲜榨茶油生产过程中产生的茶渣和茶粕为突破口，挖掘其富含的蛋白、多糖及皂苷成分，开发高附加值的化妆品原料，通过精深加工技术构建多元化产品矩阵，实现产业链价值重构。

2024年，公司创立"红茶果"美妆品牌，以东方宫廷山茶油养颜智慧为内核，推出山茶油面膜、精华液、护肤精油、素颜霜、洁面乳等系列产品，同步研发山茶花舒缓精粹水、香氛沐浴油、蛋白修护发膜等20余款精深加工产品。相关成果已实现产业化落地，预计2025年新增销售收入5000万元，形成企业增效、农户增收、消费者受益的良性循环。

六、2024年公司品牌建设情况

公司创新构建"产业互联+品牌共建"生态，依托"东方树+"产业赋能平台，整合16年全产业链运营经验，建立涵盖种植、加工、销售的油茶产业数字化标准服务体系。通过技术输出（良种培育、智能加工）、模式共享（订单农业、联合营销）及资源对接（供应链金融、渠道共建），以服务费分成、溢价收益分配等机制，带动行业整体效能提升。

该战略推动企业从单一产品供应商转型为全产业链服务商，形成"技术赋能—标准输出—利益共享"的新型营销生态。"树大好乘凉"的协同效应显著，2024年已助力30余家合作伙伴实现种植成本降低15%、销售溢价提升20%的运营突破。

（一）"三通"油茶庄园模式

"三通"即金融直通农业、城市直通农村、市民直通农民。大三湘公司"三通"油茶庄园模式突破"三农"发展困局，通过科学构建多方利益联结机制，

有效化解企业与农户间的利益矛盾，激发农民内生发展动力，实现农民、政府、银行、企业和消费者"五位一体"的协同发展格局。该模式既保障了各参与主体各安其位，又促进产业要素有机融合，为油茶行业可持续发展提供了创新解决方案。

该模式针对规模种植方，公司提供庄园模式输出服务、良种良法服务、智慧油茶农业系统服务，通过科学种植实现油茶高产稳产，让种植户在土地上的收益最大化。

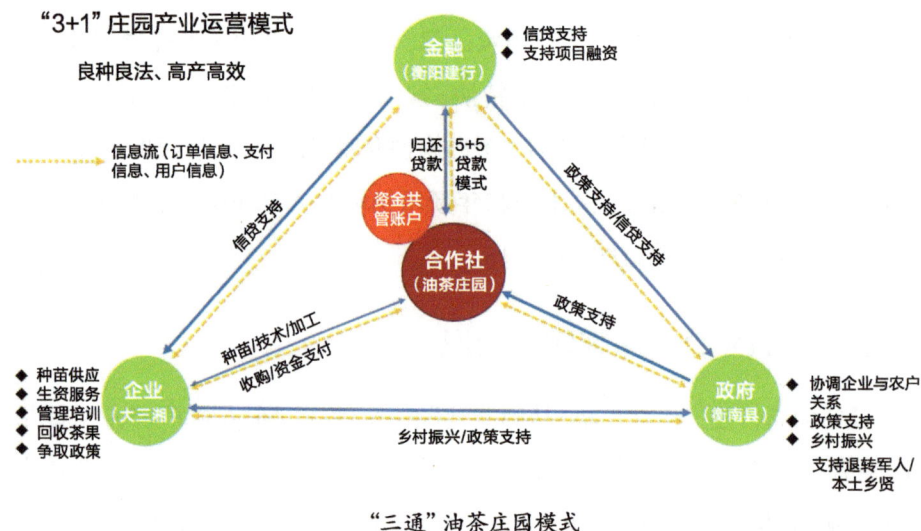

"三通"油茶庄园模式

（二）新营销模式

针对茶油加工型企业，公司提供茶油专利生产技术服务、油茶生产资料代采购服务、茶油品质控制系统服务。通过专业技术帮助加工企业实现产品品质提升、生产效率提升、生产成本下降的目的。

（三）产业破局：中国油茶产业互联网——东方树数智科技

公司专注服务油茶种植户，推动种植户从简单的卖茶果转型为茶油商品化经营。通过为种植户提供茶油品牌建设服务、茶油销售渠道拓展与系统支持、茶油代加工服务，助力其实现产品品质化、经营品牌化，从而提高附加值，增加收益。

公司已经帮助50余个中小规模种植户完成双品牌建设、全渠道布局及产品体系搭建,成功实现从传统原料销售商向品牌茶油销售商的转型,累计促成茶油销售突破1.5亿元。

公司创新推广庄园认养模式,帮助种植户通过平台实现茶山认养,同时帮助种植户运营推广。认养相关收益归农户所有,公司仅收取平台服务费。

公司以"行业大于企业,助力产业成长"为理念,赋能农户融入产业链,通过共享平台资源,使农民实现多重效益:①加工增值收益(品质、包装提升);②深加工产品收益(销售洗护产品);③品牌营销溢价(共享品牌溢价、平台赋能双品牌营销);④供应链共享收益(供应链集采、交易服务等);⑤农业金融业务收益(政策贴息贷款、茶油卡等);⑥平台消费分佣收益(客户标注、数字化运营服务)。

东方树产业互联营销模式自2023年试行以来,实现销售额3600万元,2024年销售额快速增长至8700万元。

2024年,公司实施油茶数字化平台的建设,以"茶油云"为目标,整合油茶种植户、茶油加工厂、茶油品牌商、茶油经销商和茶油用户,油茶全产业链数字化智能服务平台。其独创的"从茶山到餐桌"的数智化品牌营销方式,入选2024年"数字三品"典型案例,在工信部的官网上进行公示。

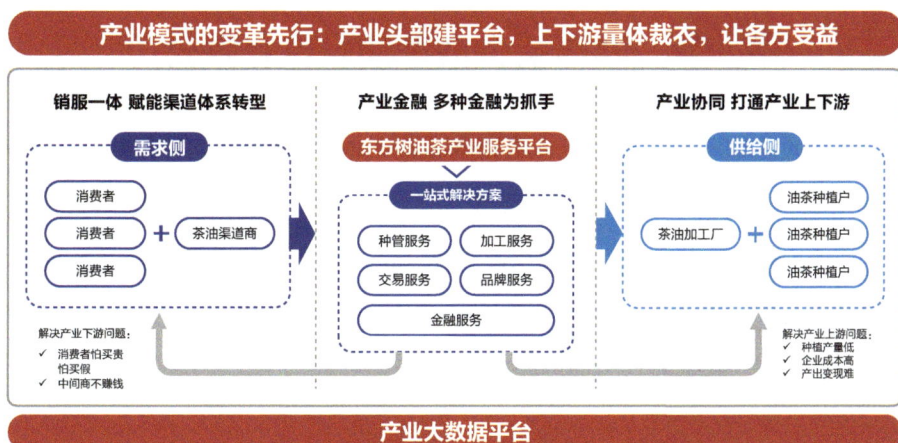

油茶数字化智能平台建设

2024年，公司启动全员短视频矩阵营销，共运营55个账号（含创始人及员工矩阵账号），累计实现视频号播放量3450万次，全网播放量突破4800万次，抖音话题热度达752.4万。大三湘品牌视频号在茶油类目影响力占比达67%。

七、2024年公司获得荣誉情况

2024年，公司共申请发明专利5项，其中获授权专利3项（发明专利1项、实用新型专利2项）。承担了第三届湖南旅游发展大会科技专项项目，参与制定团体标准3项，制定并发布企业标准3项。参与制定《山茶油》（T/CNSS 027—2024）、《化妆品用原料山茶籽油》（T/UNP 69—2024）、《有机污染场地土壤生物修复技术规范微生物固定化生物炭载体》（T/CSES 153—2024）3项团体标准。制定并备案Q/HNSX 017—2024《纯露》、Q/HNSX0004S《鲜榨山茶油》、Q/HNSX0006S《油茶籽油》3项企业标准。先后获得国家知识产权示范企业、浙江省科技进步奖二等奖、海南省科技进步奖二等奖、全国放心粮油示范企业、湖南省侨界助力乡村振兴示范基地、油茶加工示范基地、大三湘油茶产业衡阳市科普基地、中部农博会产品金奖、湖南省茶油十大企业品牌、湖南名品等荣誉。

第二节　湖南新金浩茶油股份有限公司

湖南新金浩茶油股份有限公司始终秉持"振兴民族产业，为人类提供健康油脂"的经营理念，通过构建产学研协同创新平台，建立企业工程技术中心和研发中心，掌握油茶深加工行业核心技术。企业自主研发青果鲜榨工艺，推动茶油品质升级，持续开展消费需求洞察、市场趋势研判和技术创新攻关，为消费者提供安全、健康的食用油产品。

一、公司基本情况

作为集科研、种植、生产、销售于一体的现代化龙头企业，公司旗下拥有"金浩""茶鲜生""油中王""宫廷黄金"四大品牌，主营油茶籽油及食用调和油产品，系全国茶油行业标杆企业。截至2024年，公司注册资本9000万元，总资产5.11亿元，在油脂市场价格波动背景下实现销售收入16.98亿元，保持稳健发展态势。

公司构建覆盖湘赣两省的生产基地集群，配备冷榨、鲜榨、精炼等智能化生产线，建成国家级质检实验室，累计获得多项油茶领域自主知识产权。

公司在原有传统热榨、6S冷榨的基础上又力推茶油鲜果鲜榨工艺，采用茶油鲜果直接进入生产车间进行特色压榨的一个新工艺。此工艺不仅能有效解决茶农每年茶果晒籽、选籽劳动力短缺的难题，还能同时完成72小时从茶园到餐桌的安全活鲜茶油的鲜供保障。鲜榨茶油富含维生素E（234mg/kg）、角鲨烯（109.5mg/kg）、总酚（80mg/kg）等丰富的微量元素，其相关功能成分均超特优团标相关指标。

鲜果鲜榨工艺从"鲜果、鲜采、鲜脱、鲜榨、鲜炼、鲜储、鲜灌、鲜质"等8个F（fresh）关键环节的精准控制技术应用入手，从技术到工艺做到全产业链呵护鲜果油茶的新鲜优品，引领高端鲜式茶油的发展，给行业树立产品新标杆和方向。

在市场网络方面，已形成以华中为核心、辐射全国的多层次分销体系，产品覆盖大中城市及沿海发达地区。企业先后获评农业产业化国家重点龙头企业、全国放心粮油示范加工企业等资质，荣膺"湖南名牌产品""袁隆平特别奖"等多项荣誉。

公司相继在湖南、湖北、江西等省份及西南、华东、华南等地区成立销售网点和办事处，建立由经销商、KA卖场、BC店和大客户服务等组成的多层次密集型分销网络。一个以"湖南为大本营，华中地区为核心区域，辐射周边省份，带动全国市场"的市场战略布局已初步形成。

未来，公司将聚焦油茶产业联合、产品结构调整与市场开拓等方面，通过"产品品类创新""茶油科普教育""全渠道平台建设""打造中国油茶第一股"等维度，加速推动国内油脂行业新格局的形成，扩大国内国外对茶油的知晓度、认知度、知名度、接受度和美誉度，使茶油产业迎来质的蜕变！

二、2024年公司茶油新产品开发情况

1. 自主研发油茶青果鲜榨技术：成功研发油茶青果鲜榨制备油茶籽油技术，该技术采用物理冷榨工艺，无须晾晒，无添加剂，可高度保留油茶籽油的营养物质，属于绿色、安全、营养留存度较高的加工技术，已形成"茶鲜生""有机古法茶油"等系列产品。

2. 功能性茶油产品研发：针对油茶籽油的功能因子开展筛选，分析其在降血脂、增强免疫力等方面的功效，重点研究油茶籽油在功能性食品领域的应用。此项技术将填补国内功能性茶油产品的空白，对延长油茶产业链具有重要推动作用。目前，已完成前期动物试验及斑马鱼试验，初步证实油茶籽油具有降血脂和提高免疫力的作用，推出"轻脂达人"系列产品与"金多多宝宝辅食油"。

3. 风味与品质提升技术：研发油茶籽油风味和品质提升关键技术，集成揉搓脱蒲、色选、低温脱水、仁壳分离、微波调质、物理热榨、精制调香、冬化脱蜡等工序，避免使用浸出工艺中的6号溶剂及碱炼水洗工艺中的液碱，大幅减少废水产生和油脂精炼损失，实现营养保留度高、绿色安全、风味浓郁的产品特性。该工艺配备完善的控制系统，可全面控制生产过程中的关键控制点（CCP），创建"微波调制、热榨生香、适度精炼、智能调控"的风味茶油生产工艺，形成风味油茶籽油系列产品，保留了原有营养与风味。

4. 学生专用调和油研发：针对学生营养需求，利用复配原理开发适用于学生的专用食用调和油，推出"学生专用营养食用油"。

5. 低反式脂肪酸技术：通过适度精炼及工艺优化，缩短脱臭温度和时间，研发出可控制反式脂肪酸含量的油茶籽油。经大批量生产验证，反式脂肪酸

含量可控制在0.2%以下，确保了产品安全性，形成"0 反式脂肪酸油茶籽油"产品。

6. 塑化剂与有害物质控制技术：通过适度精炼及工艺优化，形成全面控制塑化剂（DBP、DINP、DEHP）、缩水甘油酯、2-氯-1，3-丙二醇脂肪酸酯、3-氯-1，2-丙二醇脂肪酸酯含量的技术，保障了油茶籽油等油脂的安全性。

三、2024年公司茶油副产物开发情况

以油茶籽油或菜籽油为原料，添加甘油、固定化脂肪酶，通过脂肪酶催化、经蒸馏分离、脱色、脱臭等工艺生产出甘油二酯油。目前设备正在改造，2025年年内新品将正式推向市场。

四、2024年公司品牌建设情况

2024年，公司通过多元化的品牌宣传、精准的形象塑造以及持续提升品牌影响力，进一步巩固了市场地位，推动了产品销售和市场份额的扩大。

1. 品牌宣传：多渠道投放，扩大品牌曝光

公司通过与大交通媒体和新媒体合作，实现品牌的全方位曝光。

大交通媒体投放：在长沙黄花国际机场、长沙高铁南站等人流量密集的交通枢纽及长沙市内公交车身投放广告，覆盖高频次、高质量的消费群体，有效提升品牌认知度。

新媒体合作：与食用油行业头部媒体"油讯"达成年度战略合作，通过专业媒体平台精准触达目标用户，强化品牌在行业内的权威性和专业性。

2. 品牌推广活动：主题化营销，增强用户互动

公司策划并实施一系列主题化品牌推广活动，在全国市场进行商超陈列、路演等活动，增强与消费者的互动和品牌黏性。

"橄"为人先：通过创新营销方式，突出金浩茶橄系列产品的差异化优势，进一步提升品牌在高端营养油市场的竞争力。

新春油礼合家欢：以春节为契机，推出定制化赠品，结合线上线下推广，

成功拉动节日期间的销售增长。

3. 品牌形象塑造：明星代言与新媒体矩阵推广

公司通过聘请明星艺人担任产品推荐官，结合抖音、小红书等新媒体矩阵推广，吸引年轻消费群体关注。塑造高端、健康的品牌形象，提升品牌的亲和力和信任度。

4. 品牌影响力提升：综艺赞助，强化行业地位

公司通过赞助芒果TV、江苏卫视综艺《大使的飨宴》，成为节目指定用油，通过向各国大使推广中国茶油，将品牌与高端、健康的生活方式绑定，提升品牌的市场认可度。

5. 品牌建设对产品销售和市场份额的影响

2024年，公司通过多元化的品牌建设策略，成功提升品牌知名度、美誉度和市场影响力。品牌宣传、推广活动、形象塑造和影响力提升的多维度发力，不仅推动了产品销售额增长，也为公司未来的市场拓展奠定了坚实基础。

五、2024年公司获得荣誉情况

2024年，公司获评国家级绿色工厂，入选"2024中国农业企业500强"。同时，新金浩茶油的相关产品凭借优质的品质和创新的生产工艺，获得"全国油茶籽油知名品牌""绿色食品""有机食品""香港优质'正'印"等称号。

第三节　江西星火农林科技发展有限公司

江西星火农林科技发展有限公司坐落于江西星火农林科技园，总投资超2.2亿元，总面积2万多亩，建设高产油茶示范基地、种质资源库、苗木繁育基地和集油茶科研、种植、精深加工及食用菌栽培与加工、生物有机肥生产与销售等于一体的油茶及附属产品科研加工中心，为油茶果壳等资源的循环综合利用开辟了新途径。

一、公司基本情况

公司成立于2009年，注册资本5000万元，现有高产油茶示范基地2万余亩，建成年产3000吨浓香型茶油加工厂、2000吨富硒食用菌基地及5万吨有机肥生产线，总资产超2亿元，已发展成从单一油茶种植逐步拓展为集科研、生产、加工、文旅于一体的全产业链企业，旗下主要从事油茶加工的江西星火生物科技发展有限公司在2024年获评为江西省油茶加工重点企业和江西省专精特新中小企业。拥有低温压榨油茶籽生产加工工艺国家发明专利，公司主要产品"新田岸"茶油、"宜贝籽"有机山茶油被评为江西省"赣出精品"、宜春市"宜春宜品"产品品牌，星火生物油茶基地被评为江西省高标准林业科技推广示范基地。通过有机产品认证、绿色食品认证等，荣获"中国茶油十大知名品牌"等荣誉称号。近年来，公司在坚持以油茶全产业链为核心的基础上，逐步大力推动"油茶+文旅"融合发展模式，打造油茶科技示范园、博物馆，获批江西省中小学生研学实践教育基地。发展至今，公司已经成为全国著名的油茶生产企业和国家林业重点龙头企业。带动了2900余农户投身油茶林的项目建设，其中脱贫户96户，户均年增收1.8万余元。

二、2024年公司种苗繁育和销售情况

2024年，公司继续推进油茶种苗繁育工作，为市场提供优质油茶穗条100万根以上，年生产收入50万元，与2023年基本持平。公司繁育的油茶种苗主要品种包括"长林""赣无""湘林"等系列优良品种，这些种苗销售至江西及周边省份，为当地油茶产业的发展提供有力支持。通过提供优质种苗，公司不仅巩固了自身在油茶种苗市场的重要地位，还进一步推动油茶产业的规模化和标准化发展，为未来的业务拓展和产业升级奠定坚实基础。

三、2024年公司油茶基地建设情况

公司通过与江西农业大学、江西省林业科学院等省内油茶科研机构加强

合作交流，系统运用油茶丰产栽培技术，对公司油茶基地的产量有较大的促进作用，2024年公司油茶基地鲜果平均亩产达到840千克，较2023年鲜果平均亩产提升幅度超过30%。

四、2024年公司茶油新产品开发情况

2024年，公司在现有厂房和设施设备基础上，改扩建油茶鲜果加工厂房1680平方米，购置日处理茶果能力50吨的油茶鲜果爆蒲风干机1套，升级改造锅炉1台套，改建茶籽冷藏仓库，储藏能力达到1000吨以上，且符合茶籽冷藏国家标准。在此基础上，公司于2024年加强与南昌大学食品学院的合作，共同研发对心血管健康有保护作用的直饮茶油。同时，新开发不同规格的浓香型富营养山茶油、清香型山茶油等产品，以适应市场多样化的需求。公司采用先进的生产工艺和严格的质量控制体系，确保新产品的品质达到行业领先水平。

五、2024年公司茶油副产物开发情况

公司成功开发茶粕有机肥、茶粕生物农药、油茶皂素等副产物。这些产品不仅拓宽了公司的业务领域，还为公司带来新的利润增长点。例如，茶粕有机肥和生物农药的开发，不仅符合当前绿色农业的发展趋势，还为解决农业面源污染问题提供有效途径，具有显著的经济、社会和生态效益。

六、2024年公司品牌建设情况

公司持续加强品牌建设，通过线上线下相结合的方式，全方位提升"新田岸"品牌的知名度和影响力。线上，公司完善京东、淘宝、抖音等企业店的网页宣传，并通过直播推广等方式，扩大品牌覆盖面。线下，公司积极参与各类"赣都正品"品牌宣传推广活动，在机场、高铁、高速路等设立路牌广告，提升品牌曝光度。公司还通过举办各种油茶文化活动、拍摄油茶品牌宣传片、建设油茶文化体验区等，沉淀油茶文化底蕴，加强品牌竞争力。

七、2024年公司获得荣誉情况

公司荣获"第三批赣鄱正品认证品牌""江西农产品百强品牌""中国茶油十大知名品牌"等荣誉。公司还通过有机产品认证、HACCP认证、ISO 9001质量管理体系认证等多项权威认证。2024年星火生物科技获评为江西省油茶加工重点企业和江西省专精特新中小企业。

第四节　广西三门江生态茶油有限责任公司

广西三门江生态茶油有限责任公司秉持创新研发理念，推出原香型山茶油和直饮型山茶油，拓展消费市场。围绕"广西山茶油"等公用品牌创建，积极构建"线上+线下"协同的品牌宣传体系，创新营销模式，深化品牌塑造，实现连续5年营收超亿元。

一、公司基本情况

广西三门江生态茶油有限责任公司是广西壮族自治区林业局直属广西国有三门江林场全资子公司，注册资本5000万元。公司依托自有的7万多亩有机油茶种植基地建成年产3000吨的山茶油精深加工生产线，专注油茶精深加工与衍生产品研发，主推"桂之坊"山茶油及山茶油衍生洗护产品。近年来，公司把握产业发展战略机遇，充分利用国家及地方油茶产业扶持政策，在产业带动、创新驱动、盈利水平、可持续发展等维度持续突破。现公司已发展成为国家高新技术企业、国家林业重点龙头企业、全国放心粮油示范加工企业、中国油茶科创谷第一批加工示范基地、自治区农业产业化重点龙头企业，通过国家有机产品认证、有机种植认证，荣获第四届"中国林业产业突出贡献奖"，并作为主要起草单位参与《特、优级油茶籽油》《广西山茶油》《广西优质山茶油》等标准制定。公司主推的"桂之坊"山茶油通过了香港标准及检定中心（STC）

优质"正"印认证、深圳标准·圳品及广西优质山茶油认证，荣获首批中国林草产业关爱健康品牌、"广西好嘢"农产品品牌、第一届世界林木业大会木本粮油和林下经济产品类特等奖、2024年世界林业产品及木制品展林木业综合产品类金奖，并入选中国县域博览会县域优品"星光大道"并荣获"星光大奖"。

二、2024年公司产品研发成果

公司秉持创新研发理念，深耕特色终端领域，持续拓展精深加工产业链与价值链，丰富产品结构，提升产品附加值。针对市场茶油产品同质化问题，通过深挖茶油历史文化内涵与营养价值，精准构建消费应用场景，开辟茶油产品新赛道。一是在食用茶油研发层面，以差异化策略构建多元产品体系，推出保留山茶油"原香本味"的原香型山茶油和"口袋里的养胃魔法"直饮型山茶油，拓展消费场景的同时，更大程度地发挥茶油大健康功效。二是在衍生产品研发升级上，探索"产学研"一体化绿色生态发展路径，推进油茶加工副产品综合利用，聚焦山茶产品核心优势，结合中药成分功能升级，创新推出"茶养芙山茶+中药"洗护系列产品，进一步提升了茶油产品附加值。

三、2024年公司品牌建设情况

公司构建"线上+线下"协同的品牌宣传体系，创新营销模式，深化品牌塑造。一是强化品牌形象塑造，依托自身资源优势，融合广西区域特色与国企品质内核，借助短视频、直播等新兴传播形式，结合农产品展销会、行业峰会等平台，提升品牌曝光度与市场认知度。二是以市场需求为导向，与湖南、江西、广东等油茶主产区头部企业建立深度合作，构建原料供应、半成品加工、成品生产的全业务流垂直对接体系，实现油茶全产业链精准供需匹配。三是深挖工厂源头优势，强化与农产品供应链平台、电商平台、消费帮扶平台合作，以源头产能优势换取市场份额，稳步拓展区域市场，连续5年营收超亿元，其中2024年主营收入超1.2亿元。

四、2024年公司获得荣誉情况

2024年，公司获评"第十二批广西放心粮油生产企业"。作为主要起草单位编制的团体标准《广西山茶油》(T/GXAS 238—2021)，荣获广西标准化协会高质量团体标准科学技术奖二等奖。"桂之坊"山茶油荣获2024年世界林业产品及木制品展林木业综合产品类金奖，入选中国县域博览会县域优品"星光大道"并荣获"星光大奖"。

第五节　湖北黄袍山绿色产品有限公司

湖北黄袍山绿色产品有限公司围绕基地种植、精深加工、产品研发、市场开拓等环节与多所高校建立产学研合作关系，整合产品生产、仓储、流通、销售各环节资源，开辟"互联网+"和"新零售"模式的产品销售新渠道。

一、公司基本情况

湖北黄袍山绿色产品有限公司成立于2007年8月，坐落于湖北省通城县隽水镇通城大道333号，注册资本4388万元，是一家集油茶种植、精深加工、产品研发、销售于一体的股份制高科技民营企业，先后被评为国家林业重点龙头企业、全国油茶产业重点企业、全国脱贫攻坚先进集体、全国放心粮油加工示范企业、中国林业产业5A级诚信企业、湖北省农业产业化重点龙头企业、湖北省隐形冠军示范企业、湖北省高新技术企业。

目前，公司销售"本草天香""上古之水"两大品牌旗下共61款产品。其中，茶油系列12款、孕妇洗护系列15款、婴幼儿系列25款、日化系列9款。

公司整体通过ISO 22000食品安全管理体系认证和湖北省出口食品卫生注册备案，产品先后通过"绿色食品""有机产品"认证，2014年，"本草天香"被认定为中国驰名商标，"黄袍山油茶"注册为地理标志证明商标。2015年，

"上古之水"被认定为湖北省著名商标，黄袍山油茶产业园被认定为国家3A级旅游景区。截至2024年，公司共注册商标87件，授权发明专利2项、实用新型专利10项。

二、2024年公司种苗繁育和销售情况

2024年，公司为保证通城县及周边地区三年提质增效行动顺利实施，新嫁接'长林53号''长林4号''长林40号''湘林210'等4个品种油茶苗150万株。春季出圃两年生苗65万株，三年生大杯苗24万株。

三、2024年公司油茶基地建设情况

公司在2024年10月20日至25日通过对通城县进入丰产年份油茶林抽样15片测产地，最高产量达到1335千克/亩，一般林分产量不低于600千克/亩。

四、2024年公司茶油新产品开发情况

在"本草天香"系列产品的基础上研发推出"快加"系列茶油新品，新品质量重点保障茶油单不饱和脂肪酸含量高于80%，营养成分比例更易被人体吸收，促进人体健康，制作的食品口感香醇。新品进入市场后深受消费者青睐。生产产品6.2万瓶，通过线上和线下相结合的市场销售运作方式取得680万元的销售业绩。茶油在化妆品领域的应用开发，利用茶油特有的天然护肤特性研发茶油面膜和按摩油等洗护产品，投建化妆品生产线，生产面膜80万片、按摩油10万瓶，年度销售额达860万元。

五、2024年公司茶油副产物开发情况

公司与多所高等学校和研究机构合作研发茶油副产物的综合利用技术。利用茶饼中天然活性物油茶皂素研发生产洗衣液、洗手液等洗涤产品。茶蒲制备为生物质燃料，年度销售额366万元。

六、2024年公司品牌建设情况

公司平均每年投入近20万元开展品牌建设，旗下"本草天香"商标于2014年9月被国家工商总局（现国家市场监督管理总局）认定为"中国驰名商标""黄袍山油茶"被授予"国家地理证明商标"，2015年"上古之水"商标被认定为湖北省著名商标。

公司严格按照"从生产要品质、从品质抓服务、从服务求效益"的管理思路，牢固树立品牌意识和服务理念，目前在线下发展稳步提升的基础上，线上平台"本草天香"和"上古之水"品牌产品销量位于前列，深受消费者关注和喜爱。

在线下传统销售的基础上，公司致力于互联网技术的打造和应用，整合产品生产、仓储、流通、销售各环节资源，融入互联网基因，开辟"互联网+"和"新零售"模式的产品销售新渠道。互联网行业是一个典型的低碳产业，具有覆盖范围广、成本低、对客户隐私保护较好等三大优势，具有很高的普及意义。在网络购物过程中，消费者往往担心的问题就是产品质量能不能得到保障。在同类产品中，由于进货渠道、产品供应链参差不齐，生产厂家资质良莠不齐，很多消费者被图片上光鲜亮丽的商品迷惑，在收货后才发现质量浮夸过余，甚至是十足的伪劣产品。公司在引入F2C模式以后，充分利用公司强有力的线下产业支撑、有效的全程品控、快速的市场反应，能够很好地保证信誉、产品质量和售后服务，非常符合消费者参与电商行为的"省钱""放心"和"有保障"初衷。通过"线上+线下"的互动融合，能够有效推动经济发展，提升传统产业发展动能。

七、2024年公司获得荣誉情况

在保证产品质量和品质的同时，公司与大专院校、多家媒体及网红主播大力合作，深度挖掘品牌潜力，打造"本草天香"和"上古之水"品牌价值，秉承"绿色、健康、低碳、可持续"的经营理念，围绕基地种植、精深加工、产品研发、市场开拓等环节与多所高校建立产学研合作关系，并取得了较大突破，特别是"油茶籽脱壳冷榨生产纯天然油茶籽油"技术的研究，荣获国家发明专利，填补了国内相关技术的空白，抢占了全国油茶行业的战略制高点。

第六节　河南省联兴油茶产业开发有限公司

河南省联兴油茶产业开发有限公司秉持"绿色发展、开放共享、油茶带动、长效富民"的发展理念，积极探索"公司+基地+合作社+农户"的经营模式，大力发展油茶产业。公司牢记习近平总书记亲临司马光油茶园视察时的殷殷嘱托，感恩奋进、持续发力。公司常年带动3000多农户就近就业，在脱贫攻坚中精准帮扶429户贫困户通过种植油茶和在公司务工实现脱贫。近年来累计示范带动全县发展油茶29.2万亩，为乡村产业振兴作出了贡献。利用油茶园的生态效应，吸引全国各地游客来光山旅游，年接待游客突破100万人次，为发展产业融合新业态拓宽了渠道，作出了贡献。

一、2024年公司油茶科技创新

（一）产学研合作

一是成功与中国林科院林产化工研究所建立合作关系，在油茶壳、油茶饼粕等油茶加工剩余物的综合利用等方面开展研发合作，目前已取得初步成效。二是作为信阳"大别山实验室"联合创建单位之一，积极主动参与各项创建活动，成为大别山实验室的骨干成员。三是继续与信阳师范大学合作，共同承担河南省科技厅的重点研发专项项目的实施。

（二）研发平台建设

在市县科技部门及相关单位的支持帮助下，公司科技研发部创新开展工作，中试基地通过省级绩效考核。县委、县政府加大对中试基地的关注和支持力度，科技、林业等部门把中试基地建设纳入项目管理进行支持，2024年，向科技部门争取衔接资金200万元用于购买蒸汽爆破设备，并在中央财政油茶专项补贴项目中安排500万元用于购买多功能综合中试设备。

（三）课题研究

2024年，公司在深化与中国林科院林化所合作的基础上，成功推动中国林科院林化所植物加工利用室主任、研究员、博士生导师王成章研发团队与信阳市科技局、大别山实验室建立技术协作关系，该团队成为大别山实验室技术团队之一。通过联合申报大别山实验室的重点专项研发课题，显著提升公司自主创新能力。

（四）新产品开发

经过持续的试验和调试，公司油茶皂素生产线达到正常生产运行状态，已试验生产油茶皂素膏80吨、油茶皂素粉6.2吨。经检测，油茶皂素膏、油茶皂素粉均达到质量要求。与中国林科院林化所合作开展蒸汽爆破试验、超临界制油工艺试验，开发的油茶剩余物饲料系列产品、水产清塘剂系列产品的样品，目前正在进行应用试验。

二、2024年公司种苗繁育和销售情况

2024年，公司繁育"长林"系列油茶苗木380万株，销售360万株，苗木销售收入936万元。主要销往信阳、南阳以及皖西、鄂北等地区。

三、2024年公司油茶基地建设情况

2024年，公司共采摘油茶鲜果8060吨，入仓油茶籽1920吨，总产量是2023年的3.36倍，2022年的2.03倍，油茶籽产量创新高。

四、2024年公司茶油新产品开发情况

2024年，公司加工油茶籽1323.34吨，出油235.56吨。皂素生产用油茶粕242吨，生产皂素液56.4吨，皂素粉5.92吨。灌装茶油226.68吨。

五、2024年公司品牌建设情况

2024年，公司在品牌培育方面取得较好的成绩。经层层筛选把关、逐级审核，联兴山茶油成功入选"豫农优品"，并许可使用"豫农优品"商标和标识。联兴油茶公司荣获"河南省知名农业品牌"称号。山茶油原料及成品油均通过"有机农产品"的认证复审，由转换期进入正式认证期。

2024年，公司加强宣传力量，创新宣传方式，完善宣传平台。一是重点打造联兴茶油公众号，在公司公众号上发布新闻信息79篇；二是新开通视频号。视频号和抖音号共发送111期，其中摄制发送"每一滴油都来之不易""山茶油为什么这么贵""山茶油究竟好在哪里"三个系列短视频共16期，让更多网民从不同角度关注联兴、了解联兴。三是多渠道推送公司宣传文稿，扩大公司宣传的广度。四是加强与上级媒体和县内知名新闻人合作，先后在《人民日报》等国家、省、市三级媒体发文4篇、图片8张，上级媒体采用和转载2篇。

2024年，全年销售额为7840.4万元，比2023年下降8%。其中：山茶油销售额5557.4万元，油茶苗木销售额936万元。2024年，营销中心积极组织公司人员参加对外展销活动，先后到北京、香港、郑州、上海、武汉、长沙、苏州、杭州、信阳等地参加产品推介活动（展销会）、专项会展等13次，进一步提升公司产品的知名度和影响力。

六、2024年公司获得荣誉情况

2024年，公司入选首届"豫农优品"名录，公司员工受聘为信阳市市场监管系统行风监督员等。

第七节　湖南省茶油有限公司

湖南省茶油有限公司坚持"专注油茶产业，守护健康用油"的发展理念，着力打造涵盖油茶全产业链的服务体系，以"湖南茶油"公用品牌为标识，通过抖音号、视频号、小红书账号等网络推广账号，面向全国客户大力宣传推广"湖南茶油"公用品牌和授权产品，全力呈现"湖南茶油"公用品牌价值，大大提升"湖南茶油"公用品牌产品的知名度和美誉度。

一、公司基本情况

湖南省茶油有限公司是在湖南省委、省政府、省林业局和省油茶产业协会的大力支持下，经省国资委批准，由湖南农业发展投资集团有限责任公司依法成立的国有控股新型产业平台型集团企业。公司成立于2018年，注册地址位于湖南省省会长沙市，注册资本3000万元。

公司现为中国林业产业联合会木本油料分会副理事长单位、湖南省油茶产业协会副会长单位。公司拥有技术研发人员27人，研发人员占比为25%，其中本科以上学历18人，占研发团队比例的66.6%。公司拥有国家油茶工程技术研究中心、国家林业局油茶研究开发中心、全国特色食用油功能与营养联合创新中心、湖南省油茶工程技术研究中心等多个科研平台。公司通过科技创新构建包括种苗繁育、有机肥利用、纯茶油冷榨、副产品加工以及新媒体营销等在内的油茶全产业链服务体系。其中，公司自主研发的100%纯茶油物理冷榨工艺，为业内最先进的油茶生产工艺之一，其产品适用于凉拌、直接饮用等，充分保留了茶油原香。

公司坚持"专注油茶产业，守护健康用油"的发展理念，打造涵盖油茶种业科技、油茶种植、油脂收储、油料贸易、油茶加工生产和品牌茶油销售等在内的油茶全产业链服务体系，在多地自主设立自营油茶苗圃基地，保障种苗良种供应；拥有油茶产业专业供应链平台，以全省20多个油茶生产大县为依托，形成油茶产业集群，提供茶油生产、加工、检测服务。拥有"林之神""岳露""金霞""金健"等茶油产品品牌，公司作为"湖南茶油"公用品牌举旗单位负责日常运营工作。

茶油公司深挖湖南农业集团现有茶油品牌的核心价值，打造、发掘具有竞争力的茶油产品，加强品牌营销和市场推广，并按上市公司的标准完善公司治理结构、健全内控制度，努力用3年左右时间成长为全国油茶行业的领先企业。

2024年，茶油公司共销售纯茶油389吨，茶籽533.44吨，苗木80万株，公司全年共实现销售额5748万元，相比2023年同期减少18.61%，主要原因是公司按照集团资源化重组和优化整合要求，更加专注主责主业。

二、2024年公司种苗繁育和销售情况

2024年，油茶产业发展进入新的上升阶段，苗木数量需求大幅增加，苗木市场行情逐渐转好，公司苗木销售也持续向好，公司业务覆盖范围除传统的省内区域（尤其是湘西地区）外，也开始逐步拓展到河南、湖北、贵州等地。

三、2024年公司油茶基地建设情况

2024年，公司继续加大高标准油茶基地建设力度，除采用最新的水肥一体化技术升级现有自营油茶种植地基地3701.7亩为示范项目之外，还与部分油茶种植大县合作，打造高标准油茶联营示范基地近万亩。经过测试，水肥一体化项目的实施，可促进油茶树体的生长和茶果产量的提升，每亩鲜果产量可提升35%以上。

四、2024年公司茶油新产品开发情况

2024年，公司研发总投入达606万元，相比2023年同期提升21%。公司持续推进关键核心技术的突破，推动创新成果产业化，紧扣油茶产业需求，共完成10个研发项目的立项，其中7个项目已完成。项目主要集中在油茶育苗、油茶鲜果加工、新产品开发、茶油存储等方面。其中，2024年下半年面向市场推出的小支装茶油，经过测试，市场反馈良好，目前已实现销售额突破35万元。

五、2024年公司茶油副产物开发情况

2024年，公司打造一款以茶油为原料的"茶诺焕采水感面膜"护肤新品，该产品以天然茶籽油为核心成分，结合现代生物科技，致力于为消费者提供安全、优质且具有显著护肤功效的体验。产品采用100%高山茶籽油萃取工艺，经SGS检测认证，0添加酒精、香精、防腐剂，针对敏感肌、屏障受损及医美术后修复皮肤，通过临床测试验证效果优良，已小范围进行市场测试和检验。

六、2024年公司品牌建设情况

2024年，茶油公司继续推进品牌战略，加大市场宣传力度，不断提升产品品质和性能。通过新媒体营销，提升产品销售收入。其中，在京东平台共销售茶油296万元，抖音平台共销售茶油55.92万元，新推出的"岳露"小支装茶油位居抖音平台茶油品类销售榜前三名。

公司一直倡导"湖南茶油，健康生活"的全新生活理念，有力地推动"湖南茶油"公用品牌的健康发展。2024年，公司构建以"湖南茶油"公用品牌宣传为核心、授权子品牌销售为重点的全媒体品牌营销矩阵，通过抖音号、视频号、小红书账号等网络推广账号，面向全国客户大力宣传推广"湖南茶油"公用品牌和授权子品牌产品。其中，2024年共完成74场、共计205.5小时的线上直播及科普类视频，全力呈现"湖南茶油"公用品牌价值，大大提升"湖南茶油"公用品牌产品的知名度和美誉度。

七、2024年公司获得荣誉情况

2024年，公司已通过ISO 22000、ISO 9001、HACCP三项管理体系认证，公司茶油种植基地获得有机茶油产品认证和绿色食品认证，大大提升公司的产品形象和品质信赖度，公司还是长沙市粮食应急加工保障网点，公司旗下的"林之神"和"岳露"品牌茶油获得第九届食餐会金奖、首届湖南农特产品博览会"最受消费者喜爱产品"，"林之神"茶油获湖南省十大茶油品牌。公司多次

受邀参加香港国际美食茶叶展、北京高端食用油展会、第十五届中国中部（湖南）农业博览会等大型展会，进一步提升了公司产品的曝光度和美誉度。

2024年，茶油公司继续贯彻科技创新发展战略，切实加强公司科技成果转化和科技创新能力建设，公司与中南林业科技大学联合开展的"特色茶油及其衍生品生产和茶粕高值利用关键技术创新与应用"项目获评省科技进步二等奖，"一种脱酸塔脂肪酸防溢流系统"获得实用新型专利授权。

第八节　台州康能山茶油食品有限公司

台州康能山茶油食品有限公司构建集育苗、种植、加工和销售为一体的油茶全产业链，首创"保健品+食用油"生产理念；围绕"非遗传承+现代创新"双轮驱动战略，开发"浓香天台山茶油"新产品；依托山茶油核心资源优势深化"全链增值"理念，立足天台山产区优势，秉持"天然健康，品质传承"的核心价值，构建特色品牌体系。

一、公司基本情况

台州康能山茶油食品有限公司成立于1995年，位于浙江省天台山——济公故里、道教南宗起源地、佛教天台宗发祥地。

公司是国家扶贫龙头企业、浙江省农业龙头企业、浙江省林业龙头企业，并且是多个行业协会副会长单位，是台州市最具影响力的品牌企业之一。

公司专注于油茶树育苗、种植、抚育，以及山茶油的加工、销售与研发，形成完整的山茶油全产业链。凭借保健食品研发经验，公司首创"保健品+食用油"生产理念，拥有多项发明专利与产品专利。

厂区占地面积15000多平方米，总资产5000多万元，配备传统杆压榨生产线、仿古法常温压榨生产线10组、医用级316不锈钢精炼车间及全自动灌装线，山茶油年产能达3000吨。

二、2024年公司种苗繁育和销售情况

自2003年以来，公司已建成良种油茶采穗圃30亩，育苗基地60亩，原料基地20000多亩，订单基地50000多亩。基地向外投放4000万株种苗用于油茶造林，折合造林面积在30万亩以上。其中，浙江省内（包括台州市各市县）所提供的油茶良种苗木数量达2700万株以上。2024年，新培育苗木13万株，并推动原有育苗户向高产苗木培育转型，推动传统种植户向"良种+科学管护"模式转型，带动农户增收。

三、2024年公司油茶基地建设情况

2024年，公司油茶基地的建设取得显著进展。公司采用了"基地联营+技术培训"创新模式，实现基地管理科学化、专业化。在技术培训方面，对基地工作人员开展全方位的油茶种植技术培训，涵盖油茶的修剪技术、施肥时机与方法、病虫害防治等关键技术，该模式带来显著增产效果。订单基地亩产鲜果量从300千克提升至900千克以上。这一成果既体现了技术培训的实效性，也证明了基地联营模式在资源整合中的优势。

公司同时投入资源进行烘干设备的研发。新研发的烘干设备针对油茶果的特性，可在保证油茶果品质的前提下，提高烘干效率，解决农户因天气原因不敢采摘、无法晾晒的痛点。设备通过精准控制温度、湿度和通风条件，能够减少能量损耗，缩短烘干时间，提升茶果加工效率与基地经济效益。

公司依托2万亩的生态油茶林，创新构建"油茶+林下种养"立体循环经济模式，实现生态效益与经济效益双提升，充分利用林间空间资源形成多层的复合农业系统：油茶林下养鸡，鸡群天然采食昆虫杂草，降低饲料成本的同时为油茶林提供有机肥源；饲养牛、羊等家畜，实现粪污无害化处理后反哺林地，减少施肥投入；林下种植菌菇和时令蔬菜，为山区林下经济提供了可复制范本。

公司建立完善的茶果、茶籽回收机制。在油茶果采摘季节，组织安排专业

的工作人员深入基地进行指导，严格按照要求的质量标准对油茶果进行分类。在回收过程中，注重质量控制，把控茶果的成熟度、病虫害情况等指标。对于茶籽，检测其含油率等关键质量参数，确保产品质量。

四、2024年公司茶油新产品开发情况

2024年，公司围绕"非遗传承+现代创新"双轮驱动战略，成功研发并推出非物质文化遗产技艺古法压榨新品——"浓香天台山茶油"。该产品以天台山地域文化为内核，结合传统木榨工艺与现代低温冷榨技术，最大限度保留油茶籽的天然活性成分（如角鲨烯、维生素E等），油脂色泽透亮、风味浓郁，被认定为"浙江好粮油"和"台州老字号"产品，并成功申报市科技局"油茶精炼留香技术研发与应用"项目。

公司全面实施浙食链食品追溯体系，为食品安全监管提供强大的技术支撑。建立严格的企业标准，为内部管理和产品质量提供明确的规范准则，确保公司生产出的每一批次产品都符合高品质、安全可靠的要求。公司新增10组仿古法压榨生产线，年产能在原基础上提升近1500吨，产品通过SC认证及绿色食品检测。通过"线上+线下"模式推广，入驻烟草、邮政系统等平台，并与浙江本土连锁商超（如世纪联华、耀达、宁海小小超市等）达成合作。

五、2024年公司茶油副产物开发情况

公司依托山茶油核心资源优势秉持"全链增值"理念，利用油茶籽粕、果壳等副产物创新开发高附加值多元化衍生产品，构建循环经济模式：联合中国林业科学研究院亚热带林业研究所，提取油茶皂素成分，开发无化学添加的天然洗涤剂"洗碗宝"；结合山茶油护肤功效，开发保湿、抗衰系列产品"山茶油润唇膏""山茶油淡斑霜"；利用山茶油的食用特性，替代传统烘焙油脂，推出低糖低卡山茶油红黑糕、月饼、曲奇等。通过产业深耕与科技深化，实现经济效益与生态效益双赢。

六、2024年公司品牌建设情况

公司作为社会责任型企业,积极履行社会责任。立足天台山产区优势,以"天然健康,品质传承"为核心价值,构建特色品牌体系。通过实施"三化战略"——原料标准化、工艺精细化、产品高端化,打造"天台山"茶油健康食品专家形象,深度融合非遗文化,推出"千年油脉,现代滋养"文化IP,通过短视频科普、非遗工坊体验等新形式建立情感联结。线上布局电商矩阵,强化与用户互动,线上深耕社区团购,线下同步拓展高端市场。

在业务发展方面,大力引导油茶农户参与综合开发项目,建立350亩油茶林立体经济科研教育示范基地,为产业发展提供科研支持并发挥教育示范作用。在品牌建设上,形成独特的子母品牌体系,依托天台山、济公两大IP,打造"集群化"品牌效益,并重点将地域文化(天台山)与地标产品双属性相结合,构建具有地域特色与独特卖点的品牌形象。

在品牌营销方面,利用线上平台开展品牌营销活动。制作短视频、开展直播活动,内容涵盖油茶林的独特风光、油茶农户的辛勤劳作、山茶花盛开的壮观景象以及山茶油的生产加工过程。同时,运营企业网站、微信公众号、小程序等,定期发布关于公司品牌故事、新品上市、优惠活动等信息,逐渐积累大量的忠实用户。

在视觉形象方面,公司重新设计各系列的产品包装。巧妙地融合天台山的轮廓、山茶花的图案以及济公文化的元素,让人一眼就能识别出公司品牌的地域与文化特色。在设计上突出天台山的山水意境和山茶油的金黄色泽,整体风格简洁大方又富有文化内涵,在货架上具有很高的辨识度。

七、2024年公司获得荣誉情况

2024年,公司凭借其独特的品牌建设模式以及始终坚守的高品质产品理念,获得了一系列荣誉,包括:义乌国际森林产品博览会金奖、浙江省农业博览会金奖、"浙江好粮油"、非物质文化遗产技艺、"台州老字号"、台州特色伴手礼等。

第九节　宜春大海龟生命科学股份有限公司

宜春大海龟生命科学股份有限公司（以下简称"大海龟"）是一家专注于油茶等植物活性物提取及综合利用的高新技术企业，公司油茶提取产品包括植物角鲨烯、天然维生素E、植物甾醇等，相关产品产能位居全国第一。公司与谢明勇院士、陈芬儿院士，浙江大学、南昌大学及中国科学院相关研究所建立了长期合作伙伴关系，专注于油茶活性物的提取及应用研究，相关科研成果荣获江西省科技进步一等奖。公司通过布局油茶原料制备、护肤日化品牌建设及疫苗佐剂等产业，打破国外技术垄断，攻克国内关键技术"卡脖子"问题，延长了油茶产业链，大幅提高了油茶产业附加值。

一、公司基本情况

大海龟成立于2010年，总部位于江西省宜春市袁州区医药工业园，是国家专精特新"小巨人"企业、国家级高新技术企业，并被评为"江西省绿色工厂""两化融合示范企业"。

公司构建了完善的科技创新体系，拥有16项授权发明专利（含2项PCT专利）、14项实用新型专利，并牵头制定《天然维生素E用植物油馏出物》《植物角鲨烯》团体标准，主导《植物角鲨烷》行业标准，通过多项国际认证，荣获江西省科技进步奖一等奖、中国食品工业协会科学技术奖一等奖等荣誉，并设立"江西省天然植物提取饲料添加剂工程研究中心"等多个省级科创平台。

二、茶油高附加值产品开发

公司以山茶植物油等植物油脱臭流出物（DD油）为核心原料，通过自主创新的提取工艺，开发出天然维生素E、植物甾醇、角鲨烯等高附加值产品，广泛应用于生物医药、功能性食品、高端化妆品及饲料添加剂等领域。产品以高纯度、生物安全性强为核心优势，获得全球客户的广泛认可。

依托宜春温汤富硒水与高纯度油茶角鲨烯，公司推出"夏皇后"护肤品牌，以"科技+自然护肤"为理念，结合地方特色文化传播，打造具有中国元素的国货标杆。产品凭借天然成分与功效优势，迅速打开市场。与中国生物合资成立"中生艾德纳生物科技（武汉）有限公司"，专注油茶来源角鲨烯疫苗佐剂的研发与产业化。合资公司产品成功解决传统矿物油、矿物盐佐剂易引发应激反应、难以代谢的痛点，已进入国有大型动保企业供应链，并积极推进人用疫苗佐剂国产化替代，突破国产替代瓶颈，为生物制品安全提供"中国方案"。2024年，公司进出口总额位居袁州区首位，海外出口额占比超20%，产品远销欧美、东南亚等地，自主研发的"万吨级食用油高附加值利用关键技术"经鉴定达到国际领先水平。

三、主要举措

第一，科技创新驱动。一是核心技术突破。自主研发制备工艺，将油茶角鲨烯纯度提升至99%以上，奠定疫苗佐剂产业基础。二是产学研合作。与南昌大学、武汉大学、中国科学院大连化物所、华中农业大学等高校和科研院所建立了长期深度合作关系，推动技术成果转化。三是加大研发投入。配置高效液相色谱、分子蒸馏等高精尖设备，技术中心面积达2500平方米。

第二，品牌战略与市场布局。一是多元化品牌战略。推出"夏皇后"护肤品牌，结合地方文化打造国货标杆。通过生物医药、功能性食品等七大事业部矩阵，推动产业链向高端化、精细化延伸。二是全球化布局。构建"国内国际"市场体系，海外市场占比持续提升，产品覆盖欧美、东南亚等地。三是提升产品品质，挖掘高端产品价值。公司通过采用具有自主知识产权的制备工艺，将油茶角鲨烯含量提升到99%以上，为进军疫苗佐剂产业奠定了坚实基础。

第三，产业链协同升级。一是全产业链延伸。从原料供应向解决方案服务商转型，七大事业部协同，布局疫苗佐剂、护肤品、生物新能源等领域，向产业链深度与广度持续发力。二是标准化生产。公司根据市场诉求进行产品分级，根据人用及兽用疫苗佐剂标准的不同推出不同标号产品，在保证产品品质的同时最大限度地控制成本，提升产品综合实力及公司竞争力。三是深化与高等院校的产学研合作，推动油茶提取物在创新药、精准营养等场景的应用落地。

第十节　湖南省油茶产业协会

湖南省油茶产业协会（以下简称协会）是2013年8月经湖南省民政厅和湖南省林业厅（现湖南省林业局）批准成立的行业协会，由湖南省范围内从事油茶产业及与油茶产业有关的种苗、生产、加工、流通、教学、科研、消费等领域的法人和自然人自愿联合组成的跨地区、跨部门、非营利性行业性社会团体，具有独立的法人资格。协会在服务行业、科技支撑产业、"湖南茶油"省级公用品牌打造等方面取得显著成效，有力支撑和服务湖南油茶千亿产业健康持续发展。

一、开展油茶气象服务

积极应对高温干旱天气以保产增油。针对2021年和2022年持续高温干旱天气，协会及时组织专家出谋划策，提出《关于油茶林应对持续高温干旱天气的主要措施建议》，为油茶种植户和油茶企业排忧解难。为减少持续干旱带来的减产损失，科学确定油茶果采收时间，连续对'湘林210'等6个主推品种鲜果含油率进行动态监测。组织专家召开专题讨论会，分析湖南省内主栽品种油脂转化与气象的关系，提出并及时发布《推迟油茶果实采收的建议书》，使油茶出油率提高30%，2021—2024年，累计增加茶油产量22.7万吨，按每吨10万元的价格，经济效益达227亿元。

二、"湖南茶油"省级公用品牌

强化授权产品的品质管理。每年对授权的"湖南茶油"产品进行全面抽检，对产品抽检不合格的企业采取约谈、取消授权资格等措施，保障了"湖南茶油"品质。每年精心组织开展"湖南茶油"公用品牌授权工作，先后8批次共授予大三湘、山润、新金浩、林之神等多家省内知名企业的385款茶油产品使用"湖南茶油"公用品牌标识，"湖南茶油"公用品牌队伍日趋稳定。

完善湖南茶油的评价体系。联合中国绿色食品公司，到株洲、衡阳、望城等地开展茶油生产情况综合调研，了解不同品质茶油生产工艺，并从外观、气味、滋味、口感等方面，初步建立了"湖南茶油"风味轮评价体系。

加大公用品牌的宣传力度。一是办好展销推广活动。共组织了428家次"湖南茶油"授权产品企业先后到北京、上海、广州、深圳、香港、澳门、长沙、南宁、义乌、柳州等地参加展销活动29次，"湖南茶油"公用品牌的影响力和美誉度得到不断提升。"湖南茶油"被《跟着特产走中国》丛书编委会收录，先后获"中国粮油影响力公共品牌""中国木本油料影响力区域公共品牌""中国优质农业影响力区域品牌"称号，入选"2022年中国区域农业产业品牌影响力指数百强"名单，荣获"中国优质农业影响力区域品牌""中国高端食用油行业影响力区域公用品牌"等荣誉。二是加强产业宣传。在央视、湖南广电、新湖南、红网等主流媒体进行宣传推广，冠名高铁专列，在黄花机场、长沙南站投放广告，利用抖音、微信等新媒体，打造"湖南茶油"抖音号和公众号。三是拓展销售渠道。线下推进实体门店运营，建成北京、深圳、长沙展示体验中心，举办湘菜茶油美食品鉴活动，入驻步步高超市。线上举办"天猫正宗原产地""湖南茶油·这湘有礼之林下有宝贝""芒果云超市""向美好出发""走，去永州"等直播带货活动，有效拓展茶油销售渠道。"湖南茶油"公用品牌知名度、美誉度和影响力得到大幅提升。

第十一节　几点启示

一是企业模式创新，引领行业发展。湖南大三湘茶油股份有限公司的"产业互联网+"模式，通过数字化平台输出标准化服务，赋能中小种植户转型为品牌商，推动行业从分散经营向集约化发展。广西三门江生态茶油有限责任公司将"油茶+文旅"融合，打造科技示范园和研学基地，拓展产业边界，探索三产融合新路径。二是技术突破，树立行业标杆。新金浩的"八鲜工艺"从鲜果到鲜灌全程控制，为行业提供品质升级范本。三是品牌矩阵打造差异化优势。湖北黄袍山的"本草天香"与"上古之水"双品牌战略覆盖食用油与洗护用品，满足消费者多元化需求。河南联兴的产品入选"豫农优品"借助区域公共品牌背书，提升产品溢价能力。四是绿色发展与循环经济实践。企业普遍通过有机认证、绿色工厂建设、副产物资源化利用等方式，践行低碳理念，为行业绿色转型提供参考。

第五章

油茶产业发展的
代表性产品

茶油中脂肪酸组成合理，不饱和脂肪酸含量达80%以上，具有极高的营养价值，是一种高品质的食用油，在南方地区有悠久的食用历史。榨油后的油茶饼可用于鱼塘清塘消毒，防治鱼病，也是提取油茶皂素的优质原料。油茶果壳和油茶籽壳含有大量的木质素、半纤维素和纤维素等，在工业上有广泛的用途。油茶产品日益丰富，形成食品、保健品、日化、环保、建筑、工业等多系列产品。在油脂方面，除传统的冷榨茶油、浓香型茶油外，水提茶油、鲜果榨茶油、超临界提取茶油也被用作食用油，直饮茶油、甘油二酯产品、夹心凝胶软糖等功能产品也相继面世。茶油在化妆品中的应用不断深化，山茶精华乳、润肤乳、眼霜等系列产品相继进入市场。在副产物利用方面，除传统的皂素清塘剂、日化产品外，还开发出皂素改性灭火材料、水凝胶保鲜剂、发泡剂等产品。

第一节　油茶籽油

随着科研人员在油茶籽油领域不断深耕，脂质组学研究逐步深入，功能因子及其作用机制被深入挖掘，已鉴定出100种甘油酯类及伴随物。与此同时，新工艺持续迭代，制备参数也得到进一步优化。在此背景下，一系列功能新产品如雨后春笋般相继问世，二酯茶油、直饮茶油等纷纷亮相市场。

这些创新产品不仅极大地丰富了消费者的市场选择，全方位满足大众对健康与营养的需求，而且在产业层面，成为推动油茶产业转型升级的关键动力。得益于科技的迅猛进步，油茶籽油的提取与加工工艺不断改良，产品品质显著提升，安全性也更有保障。在功能性食品、医药及美容领域，茶油的潜在应用价值正在被深入探索。可以预见，随着研究的持续深入，更多创新产品将陆续推出，油茶的市场空间将得到进一步拓展，其经济价值也必将进一步提升。

一、食用茶油

（一）原味茶油

原味茶油精选优质油茶籽作为原料，严格把控加工时间，一般48小时内完成从鲜果剥壳到茶籽烘干的关键工序。随后，油茶籽依次经风选机、清籽机、比重机的层层筛选，有效去除表皮杂质及不饱满的油茶籽。紧接着，采用常温压榨技术，并借助自动投料系统，确保生产过程的高效与精准。出油之后，在0℃环境中静置48小时，进一步优化油品质量。最后，通过适度精炼和超微过滤技术，全方位保障产品中苯并芘、黄曲霉毒素、反式脂肪酸、塑化剂等食品安全指标完全符合标准。原味茶油色泽清亮诱人，入口醇厚，且无油腻感。在国内茶油消费市场中，原味茶油占据主导地位，其年销售量占全国茶油总销量的50%以上。当下，随着人们对健康饮食的关注度不断提升，预计原味茶油的市场需求将持续增长，前景广阔。

（二）浓香茶油

浓香茶油的制作需精选优质油茶籽。制作过程中，严格把控烘烤温度，并精准调控仁壳比例，这些关键举措促使油茶籽在烘烤时发生美拉德反应，生成丰富多样的呈香物质，为茶油的独特风味奠定基础。烘烤完成后，使用双螺杆榨机进行压榨，将油茶籽中的油脂充分挤出。压榨所得的毛油，先经隔膜过滤机初步过滤，去除较大颗粒杂质，再通过冷冻精滤技术进一步提纯，最终获得高品质的浓香茶油。

浓香茶油因其浓郁醇厚的风味，深受主产区消费者的青睐。2024年，浙江久晟油茶科技股份有限公司累计销售300吨浓香茶油，湖南大三湘茶油股份有限公司销售200吨，新中野茶叶科技有限公司销售100吨，浙江康能食品有限公司销售60吨，各企业均在市场中占据一定份额，展现出该产品稳定且可观的市场需求。

（三）直饮山茶油

直饮山茶油的生产，通常以冷榨所得的油茶籽毛油作为原料。在后续加工过程中，采用物理精炼等先进工艺，重点去除油中的细小颗粒胶体、蜡质及高凝点脂类物质。这一系列操作能够有效降低油脂的黏度，同时完整保留油中的活性营养成分，使油脂在口感上更为轻盈爽口。考虑到产品的便捷性与保鲜需求，直饮山茶油一般采用小包装形式。湖南大三湘茶油股份有限公司、湖南洪盛源油茶科技股份有限公司、福建省阿嬷家健康科技股份有限公司、安徽龙城集团、贵州黔玉茶油科技有限公司等多家企业，已将直饮山茶油产品推向市场。

福建省阿嬷家健康科技股份有限公司结合"四级分子蒸馏"茶油萃取技术和"超临界CO_2萃取"设备生产的阿嬷口服茶油，主打"方便养胃"，填补快节奏生活下的健康需求，实现线上线下一体化分销。湖南洪盛源油茶科技股份有限公司直饮茶油强调养胃、杀菌消炎功能，聚焦慢性病调养和中老年群体健康需求。神农国油茶籽油直饮装精选湖南耒阳红壤老树茶籽进行冷榨，生产3毫升独立小管装。贵州威宁高原红山茶油开发有限公司以红山茶为原料，生产高原红山茶直饮油，通过冷榨工艺，适度精炼保留茶油天然风味及维生素E、角鲨烯等营养物质。总体而言，对于直饮茶油，各企业通过应用冷榨、分子蒸馏等技术创新，强化养胃、降火、慢性病预防等功能定位切入直饮茶油市场。建议进一步关注技术差异化、消费场景拓展和健康功效宣传。

（四）二酯油

甘油二酯产品的制备工序精细复杂。首先，选取甘油三酯质量含量在95%以上的优质茶油与甘油充分混合，随后加入1,3位特异性的酶，引发甘油水解反应。待反应完成，对反应物进行蒸馏处理，有效除去甘油、脂肪酸、甘油一酯以及甘油三酯，进而得到粗茶油甘油二酯。接下来，对粗茶油甘油二酯实施分提操作，最终获得的茶油甘油二酯产品口感独特，与天然可可脂极为相似。

湖南特沃斯生态科技股份有限公司、湖南贵太太茶油科技股份有限公司、湖南亚美茶油股份有限公司等企业开发了以生物酶催化、蒸馏分离、脱色、脱臭等工艺而制成的甘油二酯（DAG）含量超过40%的甘油二酯茶油。河南省联兴油茶产业发展有限公司等公司也推出了茶油甘油二酯产品。该产品优势显著，不仅拥有优良的口感，其物理和化学性质也十分独特。在加热过程中能始终保持良好的稳定性,极大降低氧化反应和变质的风险。二酯油应用场景广泛,已深度涉足食品、化妆品及医药等领域,正逐步成为制作健康食品的首选原料,市场前景广阔。

二、茶油化妆品

茶油性质温和,对皮肤无刺激,与肌肤亲和性佳且具备强大的渗透性。基于这些特性,借助复合脱色技术,可将茶油加工为化妆品基础油。茶油化妆品是以天然茶油(山茶籽油)为核心成分的护肤产品,其利用茶油富含的维生素E、不饱和脂肪酸(含量80%以上)及角鲨烯等活性成分,具有抗氧化、深层保湿、抗菌抗炎及修复皮肤屏障等功效。以这种基础油为原料,可广泛应用于各类美妆产品的制备。此外,还能用于制作香皂和浴油,带来温和洁净与滋润体验,形成丰富多样的美妆护肤产品系列。

(一)化妆品基础油

中国林业科学研究院亚热带林业研究所成功研发一套创新工艺:利用高浓度柠檬酸的螯合与抗乳化特性,结合复合脱色剂及自控-连锁冬化技术,用于制备化妆品基础油。此工艺生产的化妆品基础油中维生素E、角鲨烯和多酚的保留率显著提升,分别提高10%、20%和30%以上,极大程度地保留有效成分,提升产品品质。

这项技术已在浙江久晟油茶科技股份有限公司和浙江健达农业开发有限公司实现产业化。相关产品上市后市场表现良好,每年销售量约30吨,充分展现出该技术的市场潜力与价值。

(二)面部护理类产品

1. 精华液、精华油

精华油以山茶油等天然植物油为核心成分,质地滋润且渗透力强,通过模拟皮脂膜结构强化屏障功能,兼具保湿、抗老、修护等多重作用。其油性特质能软化角质、锁住水分,尤其适合干性肌肤或秋冬季节使用,部分配方还可与底妆混合提升服帖度。精华油强调"滋养与屏障维护"功效。

目前，国内外化妆品品牌都推出基于山茶油的精华油。雅诗兰黛茶油精华液系列采用超临界CO_2萃取技术，保留茶油中90%以上的角鲨烯和维生素E，主打"高浓度山茶籽油提取物+神经酰胺"配方，强调抗氧化和修复肌肤屏障功能，适用于敏感肌和抗初老需求。资生堂"红妍肌活山茶精华油"，结合茶油与红藻提取物，主打保湿抗皱，通过微囊包裹技术提升活性成分渗透率。欧珀莱以茶油为基底，添加牡丹籽油和透明质酸，针对亚洲女性研发"晶致修护油"，强调提亮肤色和淡化细纹。湖南茶本科技主打"山茶花双萃酵活水精华"，采用化妆品级茶油，强调丝滑质地与深层修复功能。金浩茶油推出含茶多酚的抗衰老精华液，专门针对细纹修复。浙江久晟茶油科技有限公司推出茶油抗氧化精华，含茶多酚纳米微球。Fresh/Aesop复配茶油与白池花籽油，开发高端抗衰系列。广西三门江生态茶油有限责任公司开发出山茶洗洁系列以及"山茶+中药"洗浴养护系列产品，极大地丰富了油茶系列产品种类，实现产品的多样化布局。安徽龙成山油茶科技发展有限公司专注于化妆品领域，以茶油作为核心成分，研发出抗皱功效化妆品，年销售量达20万瓶，在市场中占据一席之地。

2. 面霜、乳液

上海百雀羚日用化学有限公司推出"山茶花保湿霜"，结合茶油与黄芪提取物等中草药成分，主打国风天然护肤，定位中端市场，复购率超35%。自然堂开发"茶油舒缓乳液"，含茶油与透明质酸，针对干燥敏感肌，通过微乳化技术提升肤感清爽度。杭州千岛湖天鑫有限公司的松达品牌"山茶油婴儿面霜"，无香精、无防腐剂，通过食品级安全认证，主打新生儿湿疹预防。湖南山润油茶科技发展有限公司通过低温冷榨工艺保留活性成分，产品覆盖干性至油性肤质，冬季面霜以高保湿著称。江西绿海油脂有限公司推出含油茶皂素的润肤霜，兼具清洁与保湿功能，适用于敏感肌。

湖南大三湘茶油股份有限公司以富含油酸的山茶油作为乳霜的油相主体，使其具备肌肤亲和性与吸收优势。其打造的青彩乳霜年销售量稳定在15万瓶左右。

（三）清洁类产品

1. 卸妆油

卸妆油的生产运用了前沿的多维共组装水培技术。在制作过程中，首先对茶油甘油三酯进行水解处理，获得脂肪酸衍生物，将长链脂肪酸酯断链。随后，将部分饱和脂肪酸转化为不饱和脂肪酸，促使多种糖酯及活性因子生成。经此工艺得到的油脂，其肤感更为清爽，在清洗时具有表面活性作用。同时，原油中潜在的过敏物质被有效清除，降低作为化妆品使用时的过敏风险。

福建省阿嬷家健康科技有限公司主打茶油卸妆油、面膜等，出口东南亚市场。浙江东方茶业科技有限公司采用常山冷榨茶油，推出卸妆油产品。在市场销售方面，浙江常发粮油食品有限公司2023年相关产品销售额达到150万元，次年销售额攀升至210万元。

茶油卸妆油发展呈现以下趋势：原料创新与工艺升级、分肤定制与功效延伸、场景化与便捷性，并拓展抗氧化、养肤等功能。

2. 手工皂

手工皂的制作以茶油为核心原料，通过皂化反应，促使其转化为高级脂肪酸钠盐。在此基础上，复配棕榈油、椰子油以及精油，以此快速高效地打造出山茶油手工皂。手工皂集清洁、保湿、滋养等多种功效于一身，不仅效果出众，硬度也恰到好处，具备持久耐用的特性。当下，众多油茶企业纷纷投身于相关产品的开发与生产之中，市场反馈积极向好。消费者对其蕴含的天然成分以及所秉持的环保理念给予高度认可。

随着公众对健康和环保议题的关注度持续攀升，手工皂的市场需求也在不断增长。据市场预测，未来几年手工皂将迎来更为广阔的市场机遇。为进一步拓展产品线，企业正积极谋划，计划推出涵盖不同香型、具备多元功能的手工皂，旨在全方位满足消费者多样化的需求，进而增强自身在市场中的竞争力。在销售策略上，企业将整合线上线下销售渠道，双管齐下提升品牌知名度，扩大市场占有率，力争在行业中稳固立足，占据优势地位。以浙江久晟油茶科技股份公司为例，其手工皂年销售量约达20万块，展现出强劲的市场活力。

3. 日化清洁剂

湖南大三湘茶油股份有限公司创新推出一款专为果蔬等食品清洁而设计的日化产品。该产品以鲜果鲜榨后油水分离所得的水相作为主要原料，其中富含油茶皂素这一天然表面活性剂。凭借油茶皂素的独特清洁特性，这款产品能够温和且高效地清洁果蔬，祛除表面的污垢、农药残留等杂质。在市场表现方面，该产品年销售量达20万瓶，深受消费者认可与青睐。

（四）身体护理类产品

1. 身体乳

湖南大三湘茶油股份有限公司深入挖掘茶油特性，利用茶油富含油酸、易于吸收且滋养效果佳的优势，精心打造头皮护理油、抗皱修护油等特色产品。其中，山茶护肤油产品表现尤为突出，每年销售量约达30万瓶，深受消费者喜爱。江西大成仓食品有限公司推出茶油护体乳，结合茶油与霍霍巴籽油，针对干燥肌和银屑病皮肤而研发。松达山茶油乳主要成分是山茶油和甘油，可滋润皮肤、保湿、防止皮肤干燥皲裂，同时山茶油还具有修复受损皮肤和消炎抗菌的功效，它适合敏感肌肤和易产生瘙痒和红肿的皮肤，也适合在冬季或皮肤干燥时使用。林清轩推出的山茶花润肤油也富含茶油衍生物。

2024年，中国林业科学研究院亚热带林业研究所凭借前沿科研技术，深度挖掘油茶独有的功能成分，融合同属山茶花的独特香型，成功推出"山茶·养、护、润、清"四大系列日化产品。这些产品研发极具针对性，精准锚定油茶籽中的皂苷、多酚、甾醇、角鲨烷等核心活性成分，科学合理地搭配日化领域常用的保湿、抑菌、抗氧化等有效成分，致力于为消费者带来全方位的优质护理体验。

2. 护手霜

茶油护手霜是以山茶油为核心成分的天然护肤品，其核心优势在于山茶油富含维生素E、抗氧化物质（如茶多酚）和不饱和脂肪酸（油酸含量达75%以上），能深层渗透皮肤形成保护膜，长效锁水保湿，同时修复干裂、软化角质，并具有抗菌消炎作用。相较于普通护手霜，其成分更天然温和，避免了化学添加剂刺激，尤其适合干燥敏感肌、母婴及频繁接触清洁剂的人群。产品多采用复合配方（如搭配蛇油、精油）增强功效，并趋向环保便携包装，兼具亲肤性和性价比。

广州德肤生物科技有限公司主打母婴市场，采用温和配方，添加山茶油成分，强调滋润保湿和修复功能，适合敏感肌和婴幼儿使用。安徽东旭大别山农业科技有限公司以有机山茶油为核心原料，推出护手霜衍生品，强调医疗级原料和高纯度。

3. 护发产品

湖南大三湘茶油科技有限公司研发的青彩山茶洗发水，采用低温压榨专利技术，结合古方萃取工艺，以天然油茶皂素替代部分化学表面活性剂，减少化学成分刺激。湖南金昌生物技术有限公司于2023年研发出一款创新型漂洗型护发产品。该产品通过将茶油、水解蛋白、谷氨酰胺转氨酶以及氨基酸进行复合，制成纳米脂质体，并添加红参提取物与低分子透明质酸钠等有效成分，为秀发带来呵护。

茶油洗发水市场的功能化细分趋势加速，从基础清洁向防脱育发、抗敏舒缓、头皮抗衰等专业化场景延伸。例如，结合茶油中的茶多酚开发防紫外线损伤产品。在技术方面，纳米包裹技术的应用提高了茶油活性成分透皮吸收率。

4. 牙膏

福建美力生生物科技股份有限公司研发出一款特色茶油牙膏。该牙膏以优质茶油为核心原料，配伍金银花等辅助材料。经科学配方设计，具有消炎、抗敏等功效。目前，茶油牙膏已在各个电商平台上架，但销售规模较小。

三、茶油保健产品

茶油的保健价值主要体现在其独特的脂肪酸构成和活性成分上。茶油中单不饱和脂肪酸（油酸）含量达80%以上，亚油酸与亚麻酸比例接近人体需求，同时含有茶多酚、角鲨烯、维生素E、山茶苷等活性物质。研究表明，其具有多种生理功能，包括：①心脑血管保护。通过降低血清胆固醇（降幅达

30%~40%），调节甘油三酯水平，减少动脉粥样硬化风险，临床研究表明可改善高血压、高血脂患者的代谢指标；②血糖调控。山茶苷等成分能显著降低空腹血糖，改善糖尿病患者的脂代谢异常；③抗氧化与抗衰老。维生素E和黄酮类物质可清除自由基，延缓细胞老化；④消化系统改善。可以促进胆汁分泌，降低胆结石发生率，对胃溃疡修复有辅助作用。

科研人员深入研究油茶籽油中活性成分的作用机制，针对不同慢性疾病患者在脂肪酸摄入比例上的特殊需求，采取回添或复配的科学方法，调整油茶籽油产品的成分构成，显著增加其中的功能活性成分含量，开发一系列具有特殊功能的保健类产品。2023年，科研团队推出涵盖多个品类的创新产品，如具有良好细胞渗透性的山茶油软胶囊，将山茶油与乳类融合的山茶油乳奶，以及方便食用的山茶油清脂压片等，产品数量多达10余个，为消费者提供多样化的健康选择。

（一）山茶油软胶囊

山茶油软胶囊是一种以山茶油为核心成分的功能性产品，配料包括明胶（胶囊外壳）、山梨醇、柠檬酸、甘油等辅料，且明确标注不含人工色素、香精、防腐剂等添加剂。生产工艺采用低温物理压榨技术，将山茶油与辅助功能成分按比例混合后，以软胶囊外壳封装制成。该产品依托自动化无尘罐装工艺确保品质稳定性。山茶油软胶囊产品通常将山茶油与其他成分（如蜂胶、维生素等）形成复方产品，增强综合保健效果，其主要面向中高端健康消费群体。

福建省德化县仙铭生态农林有限公司以山茶油、明胶、山梨醇、柠檬酸、甘油等为原料，按比例添加维生素A、维生素E等脂溶性活性物质，制成山茶油复方胶囊，企业声称具有降血脂、促进器官发育、抗氧化、提高免疫力、抗疲劳、保护胃黏膜等多种保健功效。江山市野春源保健品有限公司推出的野春源蜂胶软胶囊是采用山茶油作为蜂胶的油溶载体，通过悬混工艺（两次研磨），结合山茶油中的角鲨烯、茶多酚等成分，增强抗氧化及免疫调节功能。

（二）茶油凝胶糖果

茶油凝胶糖果是以山茶油为核心成分制成的健康食品，结合凝胶糖果的便携形式,具备营养补充和特定功能属性。凝胶糖果是一种由亲水性凝胶与白砂糖、淀粉糖浆为主要原料制成的含水率高达10%~20%的凝胶状糖块。不同食用胶体的类型、特性及配比会显著影响最终产品的质地特征。例如:淀粉软糖呈现紧实且稠密的口感,明胶软糖则具有韧性和弹性,琼脂与卡拉胶型凝胶糖则表现为光滑且脆嫩的质地。

茶油凝胶糖果产品向功能细分领域扩展,如护胃、解酒、美容等。湖南润农生态茶油有限公司以茶油、核桃油等为原料,生产无糖型山茶油夹心凝胶糖果,可直接咀嚼或吞食,作为休闲食品投入市场。三明瑾创科技有限公司主打护胃的凝胶糖果。云南贝木生物元贝木神经酸凝胶糖果主要以山茶油和神经酸为核心成分,主打针对脑力提升和血管健康。常发粮油食品有限公司以茶油与玉米肽为核心原料,通过先进的植物小分子萃取技术,成功研发出山茶油-玉米肽凝胶糖果。该产品利用原料协同增效作用,显著提升了营养成分的生物利用率,促进人体对营养物质的吸收。市场调研显示,消费者对该产品的口感和营养价值给予高度评价,认为其可灵活融入日常饮食。公司持续加强市场推广,深入阐释产品原料的健康价值,同时研发团队正探索系列化创新配方,以满足不同的健康需求。2024年,其销售额突破1100万元,展现出较强的市场竞争力。需注意:不同品牌配方差异较大(如神经酸侧重脑健康,玉米肽针对代谢调节),部分产品含糖或添加剂,建议关注成分表。

(三)山茶油黄精黑糕

浙江康能食品有限公司推出山茶油黄精黑糕。这款糕点以茶油与黄精为核心,融入黑芝麻、黑加仑干、黑果枸杞、黑豆、桑椹这五种黑色食材,营养丰富。成品的山茶油黄精黑糕口感软糯香甜,采用独立包装设计,既方便携带,又能有效保鲜。可作为饱腹代餐的优质选择,契合现代人对健康与便捷食品的需求。

该产品于2022年荣获"台州特色伴手礼"称号。2024年,其销售量持续增长,深受市场认可。

四、鲜果鲜榨茶油

鲜果鲜榨茶油，是以鲜果鲜榨工艺制备的茶油。一般选取新鲜的油茶果作为原料，在处理时，先直接对油茶果进行脱壳操作，脱壳完成后将其破碎处理制成浆液，随后通过特定技术手段对浆液进行分离，从而提取出茶油。这种茶油不仅保留了油茶果的天然风味，还富含营养成分，如不饱和脂肪酸和维生素E，具有很高的健康价值。消费者在选择油品时，越来越倾向于天然、健康的产品，这使得鲜果鲜榨茶油在市场上获得广泛的关注。为满足日益增长的需求，生产厂家不断优化工艺，提高提取效率，同时加强了产品的品质控制。通过与当地农户合作，确保原料的新鲜和优质，进一步提升品牌形象。随着宣传力度的加大和消费者认知的提升，鲜果鲜榨茶油迎来了更广阔的发展空间。

早在2017年，湖南大三湘茶油股份有限公司便率先提出这一创新制油工艺。相关产品于2018年正式推向市场。此后，在油茶产业不断发展的进程中，广西林科院于2023年应用瞬时压差技术优化鲜果鲜榨茶油工艺，致力于进一步提升产品品质与生产效率。

五、医用茶油

医用茶油因其独特的营养成分和药理活性，在传统医学和现代医疗领域均有广泛应用。

《本草纲目》记载茶油可"清胃润肠"，用于治疗痧气腹痛、蛔虫性肠梗阻等病症，民间常用于调制膏药或药丸。传统中医将茶油用于产妇产后恢复。皮肤问题（如湿疹、尿疹、烫伤等），直接涂抹茶油可消炎杀菌，加速伤口愈合，减少瘢痕形成。茶油外敷可缓解关节炎疼痛，其抗炎成分能减轻局部炎症反应。

茶油作为注射用油的研发已历经一段时间。在质量把控方面，可依据《中国药典》（2025年版）中"茶油"以及"大豆油（供注射用）"的相关要求来执行。我国在20世纪60年代就已经开始利用山茶油制作各类注射用油针剂。上海第三制药厂在1971年开始用精炼茶油代替进口芝麻油制造油剂普鲁卡因及青霉素G注射液,大大降低了制药成本。

众多科研院所与企业积极开展创新研发,以茶油为基础原料,并融入其他生物活性成分,成功开发出一系列产品,其中涵盖抗炎止痒复合物、鼻炎喷雾剂、脂肪乳注射液以及茶油神经酰胺等。然而,尽管这些产品在研发层面取得了阶段性成果,但由于临床验证周期长等因素,目前尚未能大规模进入市场。

第二节　精深加工产品

一、油茶皂素及其改性产品

（一）洗涤用品

油茶皂素作为天然表面活性剂,将其应用于洗手液中,可兼具发泡剂与抗氧化剂的双效成分。目前,基于油茶皂素的独特优势,市场上已成功开发出一系列相关产品。除了油茶皂素洗手液,还有油茶皂素香皂,为消费者带来温和且清洁力强的洗手体验。洗衣液产品在洗涤衣物时,凭借油茶皂素的特性,既能高效去污,又能呵护织物。洗发水产品则针对头发护理需求,利用油茶皂素滋养头皮,柔顺发丝,全方位满足人们在日常生活中的清洁与护理需求。此外,油茶皂素的应用还拓展到家居清洁领域,开发出多种环保型清洁剂。这些清洁剂在祛除污渍的同时,能够减少生态负荷。随着消费者的健康和环保意识增强,基于油茶皂素的产品逐渐受到市场的青睐,市场需求不断增长。

1. 油茶皂素洗衣液

油茶皂素洗衣液以天然油茶籽提取物为核心成分,兼具去污、抑菌及护肤功能,是近年来新兴的环保型洗涤产品。

恒安集团推出的心相印油茶皂素洗衣液,其主要成分涵盖表面活性剂、油茶皂素、抗再沉淀剂、螯合剂、柔顺剂、防腐剂以及香精。其中,作为核心成分的油茶皂素,属于天然温和型表面活性剂,清洁效能强。在洗衣过程中,油茶皂素能够迅速精准地锁定衣物上的各类污渍,无论是日常沾染的灰尘、油渍,还是顽固的色斑，都能被有效瓦解，助力衣物快速恢复洁净鲜艳的初始状态。且这款洗衣液具备低泡特性，在漂洗环节能大大节省水资源与时间成本，确保无化学残留，让消费者使用起来更加安心。好孩子集团推出的婴幼儿油茶皂素洗衣液，以油茶皂素和蛋白酶等为主体，添加了巴斯夫抑菌剂（一种广谱抑菌剂），能够减少交叉感染。

2. 油茶皂素多效洗发液

油茶皂素洗发液是一种兼具清洁、控油与养护功能的新型植物基洗护产品。该产品具有显著的去屑止痒、控油蓬松、环保安全等特点。通过有效分解头皮油脂，油茶皂素能抑制马拉色菌等微生物滋生，并缓解头皮屑及瘙痒问题，临床试验表明其祛屑率可达80%以上。其深层清洁毛囊油脂的能力可显著减少发质扁塌，尤其适合油性发质。此外，油茶皂素具有自然降解特性，其生产废水对环境的负面影响极小。

除油茶皂素外，部分产品采用氨基酸复配技术，结合椰油基葡糖苷等温和成分，实现控油与保湿双重功效。通过添加维生素E、水解丝胶蛋白等成分，可修复毛鳞片损伤，增强头发柔顺度。大三湘、得尔乐、霸王等品牌都推出了油茶皂素洗发水。

3. 油茶皂素洗碗宝

油茶皂素洗碗宝兼具高效去污、安全环保及护肤功能，适用于餐具、果蔬清洁等多场景，它具有无磷、无荧光剂、无石化表面活性剂，残留风险低于传统洗洁精，生物降解率>90%，排放后对水体生态影响较小等特点。适用于家庭餐具清洁，如用于陶瓷、不锈钢、玻璃等材质，可清除冷凝油污，食品级配方可直接清洗婴儿奶瓶、辅食工具，无化学残留隐患。另外也可用于果蔬农残去除，油茶皂素可分解蔬果表面脂溶性农药（如有机磷类）。还具有护手特性，pH值接近中性，不含强碱性成分，长期使用不会导致手部干燥脱皮。

当前，多家企业均生产油茶皂素洗碗宝。广州晟启洗护用品有限公司推出姵菲茶籽浓缩液餐具净，可用于孕妇、婴儿等群体，添加了大马士革玫瑰精华，能够呵护双手。2024年，浙江康能食品有限公司凭借其研发实力，将油茶饼粕转化为具有市场竞争力的洗碗宝产品,该产品在市场上大受欢迎,年度销量高达20吨。与此同时,刘家香食品有限公司生产的茶籽粉同样表现出色,其销量达到33吨,充分展现了油茶饼粕在相关产品领域的巨大潜力。

(二)保健用品

油茶皂素是从油茶树中提取的天然绿色成分,具备杀菌、抗氧化、抗肿瘤以及抗炎症等诸多生物活性。在抗肿瘤方面,油茶皂素可通过阻滞细胞周期、抑制肿瘤血管生成等途径,诱导肿瘤细胞发生自噬与凋亡,展现出一定的抗肿瘤功效。然而,油茶皂素的使用存在局限性。过量的油茶皂素会破坏细胞膜的通透性,致使细胞质外渗,进而引发红细胞溶血现象。在药物临床前期研究中发现,若剂量超过50微克,油茶皂素便被认为在体内不具备抗肿瘤作用。所以,在抗肿瘤研究领域,亟待解决的关键问题是如何提升油茶皂素的抗肿瘤药效,并减少其使用量。

国家发明专利CN114886904B成功研发出透明质酸–油茶皂素产品。该产品的制备过程为,在N–(3–二甲氨基丙基)–N′–乙基碳二亚胺盐酸盐存在的条件下,使透明质酸和油茶皂素通过酯化反应合成透明质酸–油茶皂素。研究表明,此产品在医药领域具有重要价值,可作为抗肝癌、结直肠癌、肺癌或前列腺癌的药物,为相关癌症的治疗提供新的可能。

(三)农药助剂类产品

油茶皂素,作为一种天然的非离子型表面活性剂,具备极为出色的乳化、分散、发泡以及湿润等多种功能特性。在农业领域,其作用尤为显著。它能够大幅降低杀虫剂溶液的表面张力,使得溶液更容易黏附在害虫体表,从而显著增强杀虫效果。

作为植物源农药的重要一员,油茶皂素已被证实拥有良好的杀螺功效,在福寿螺的防治工作中得到广泛应用,成为守护农田生态的得力助手。然而,油茶皂素的生物毒性具有一定的选择性。对于常见水生生物中的多数水生植物,油茶皂素表现为低毒;但对于淡水鱼类,例如麦穗鱼、鲫鱼、斑马鱼等,却展现出较强的毒性,这在使用过程中需要格外关注,以避免对水生态系统中的鱼类资源造成不必要的损害。

在果树病害防治方面，油茶皂素同样发挥着重要作用。研究发现，油茶皂素对于苹果树病菌的防治效果颇佳。将油茶皂素应用于相关药物中，已经取得令人满意的成果，为苹果种植业的健康发展提供有力保障。

1. 油茶皂素农药

油茶皂素作为一种天然植物源农药，凭借其高效、低毒、环保等特性，在农业病虫害防治领域逐渐替代部分化学农药。其主要作用是通过天然表面活性，使油茶皂素作为湿润剂与悬浮剂，提升农药附着性和分散性，增强药液渗透性。油茶皂素可破坏害虫体表保护层（如蜡质层），加速有效成分吸收，并通过溶解害虫红细胞或阻断钠离子通道，导致害虫死亡（如福寿螺防治效果可达70%以上），同时可抑制真菌（如马拉色菌）和细菌繁殖，减少病害传播。

油茶皂素农药具有对环境友好特性，自然降解无残留，对非靶标生物（如虾蟹幼体）毒性低，能够保护农田生态平衡。可用于农作物病虫害防治，如防治西瓜、脐橙等作物的蚜虫、红蜘蛛等害虫，可直接喷施油茶皂素泡水液。配合少量石灰水（碱性环境）可提升杀虫活性，尤其适用于稻田福寿螺消杀。也可用于家庭园艺防虫，用于柠檬树等家庭绿植的蚜虫、白粉虱等防治，兼具促进植物生长的双重效果。

武汉国科格绿生态科技有限公司等单位研发的30%油茶皂素水剂已获批农药扩作登记，成为全国首个用于防治稻田福寿螺的生物农药登记产品。发生福寿螺危害的田块，作物平均减产5%~10%，严重时达50%。施用农药是防治福寿螺的重要手段之一，使用30%油茶皂素水剂，每亩农药成本约18元。在水稻移栽后、福寿螺发生初期，每亩水田喷雾施药一次，约180~240毫升的剂量，2天内可消除70%以上福寿螺，该农药可在自然条件下自动降解。

湖北绿天地生物科技有限公司自主研发的油茶皂素农药是一款浓度为30%的水剂产品。该农药通过独特机制防治病虫害，其作用原理包括两个层面：首先，油茶皂素直接接触目标生物，破坏其体表结构；其次，通过摄食途径进入生物体内，发挥胃毒作用，形成协同防治效果。在实际农业生产中，该产品对多种农作物的有害生物表现出显著防治效果。对小绿叶蝉，可干扰其取食和生长发育过程，有效降低对农作物的危害；针对蜗牛和蛞蝓等软体动物，能够引起其生理机能紊乱，抑制活动能力；在福寿螺防治中，展现出显著的控制效果，能有效减少福寿螺对农田的破坏，保护农作物健康生长。

2. 皂苷型清塘剂

油茶皂素清塘剂主要用于清除鱼塘、虾塘中的野杂鱼及有害生物，同时对经济物种（如虾蟹）安全性较高，是绿色水产养殖的关键工具。它可以选择性清除敌害生物——油茶皂素通过破坏鱼类的鳃组织导致其缺氧死亡，但对虾蟹等甲壳类动物无显著毒性，实现精准清塘。此外，油茶皂素可分解水体中有机质，抑制病原微生物繁殖，改善养殖环境。另外，油茶皂素也具有天然表面活性，可提高药剂分散性，增强渗透能力，提升清塘效率。油茶皂素清塘剂主要用于鱼塘、虾塘预处理，清除野杂鱼、蛙卵、螺类等敌害生物，每亩用量1~2千克（60%粉剂），24小时内见效，在对虾养殖池中配合增氧设备使用，避免药物残留影响幼苗。低浓度油茶皂素还可刺激虾蟹脱壳，缩短其生长周期。

浙江久晟油茶科技有限公司、浙江中野生物技术有限公司等均生产相关产品。2024年，江西新中野茶业科技有限公司的皂苷型清塘剂销量达1400吨。该公司长期专注于茶相关产品的研发与生产，凭借深厚的技术积累与对市场需求的精准把握，使得这款皂苷型清塘剂在众多同类产品中脱颖而出。其产品优势显著，不仅能有效清理池塘中的有害生物，还具备改善水质、优化池塘生态环境等多重功效，深受广大养殖户信赖。在2024年度中央引导地方科技发展专项资金乡村振兴支持项目中，江西新中野茶业科技有限公司承担的"茶皂苷型水产养殖保护剂的产业化开发与应用"项目获批立项，获得100万元资金支持。该项目利用公司多项授权专利技术，与高校及科研院所合作，从茶叶籽饼粕中提取纯化油茶皂素，提升其鱼毒活性与抗菌性能，开发新一代皂苷型水产养殖保护剂。这不仅助力公司皂苷型清塘剂的技术升级，也为其销量增长提供了有力支撑，进一步推动油茶产业下游应用领域的拓展。

（四）改性类产品

以油茶籽饼粕作为核心原料，运用一系列先进的精深加工技术，开启高附加值产品制备。在整个工艺过程中，首先通过萃取技术，将油茶籽饼粕中的有效成分进行初步分离提取，随后通过多效提纯技术，进一步提升所提取成分的纯度，从而成功从粕料中获取高纯度的油茶皂素。

得到高纯度油茶皂素后，技术团队继续开展后续化学反应操作。通过选择性水解方法，使油茶皂素产生特定的活性基团，这些活性基团成为后续反应的关键位点。在此基础上，依次进行加成、转化、脱酰等一系列化学反应。经过这一系列精心设计与严格把控的化学反应流程，最终成功制备出多种极具应用价值的产品，其中包括油茶皂苷结构修饰型混凝土引气剂，该产品在建筑领域能够显著改善混凝土的性能；以及油茶皂苷型油田专用泡沫剂，其在油田开采等相关作业中发挥着不可或缺的重要作用。

1. 油茶皂苷结构修饰型混凝土引气剂

油茶皂素（三萜皂苷）作为天然表面活性剂，凭借其发泡稳泡特性，在混凝土中作为环保型引气剂被广泛应用，可显著改善混凝土耐久性和力学性能，是绿色建材领域的重要添加剂。油茶皂素通过降低溶液表面张力，形成均匀、稳定的封闭微气泡（直径20~200微米），提升混凝土抗冻性（提高8倍以上）和抗盐冻剥蚀性（提高5倍以上），硬化混凝土抗折强度提高10%~30%，抗压强度损失率低于传统引气剂。

浙江久晟油茶科技有限公司、江西新中野茶业有限公司、老知青（福建）油脂有限公司、山东斌利新材料有限公司等企业都推出高性能混凝土引气剂。江西新中野茶业有限公司通过创新驱动和先进技术，成功开发出油茶皂苷结构修饰型混凝土引气剂。该产品通过精细的油茶皂苷改性和前沿制剂配伍技术，在工程应用中展现出显著优势。该引气剂巧妙解决了聚羧酸盐系减水剂的相容性问题，确保两种外加剂协同作用。在新拌混凝土性能优化方面，显著提升和易性，减少泌水和离析现象，保证混凝土匀质性。在长期应用中，其卓越的性能极大提高混凝土的耐久性，有效抵抗冻融循环、液体渗透侵蚀，并在硬化过程中有效控制强度损失。该产品已广泛应用于水利、交通、能源、市政、港口等工程领域，2024年销售量达800吨，成为混凝土外加剂市场的标志性产品，对提升工程建设质量具有重要意义。

2. 油茶皂苷型油田专用泡沫剂

油茶皂素作为天然表面活性剂，经改性优化后可用于油田泡沫剂开发，具有环保高效、成本可控等优势，广泛应用于石油开采增效、油井加固及作业辅助等领域。油茶皂苷型油田专用泡沫剂具备出色的耐温性能，能够在高温的油田环境中保持稳定，不发生性能衰减；拥有极高的耐盐、耐酸能力，在复杂的油藏化学环境里依然可以发挥功效；其起泡性极强，能产生大量细密且稳定的泡沫，满足油田不同作业需求；吸附损失低，有效减少产品在使用过程中的浪费，提高使用效率。同时，该产品还具有良好的环保性，极大地降低了对油田周边环境的潜在危害。

江西新中野茶业有限公司研发出油茶皂苷型油田专用泡沫剂。首先从粕料中萃取出高纯度的油茶皂苷，巧妙利用其糖基中含有的葡萄糖醛酸能与醇发生酯化反应这一特性，对油茶皂苷进行改性生产。这款产品在实际应用中表现卓越，已广泛应用于国内众多大型油田，如胜利油田、大庆油田、华北油田、新疆油田、中原油田、辽河油田等。在泡沫酸化、泡沫压裂、调剖堵水以及高温采油等关键作业环节中，它都发挥着不可或缺的作用。经过多年持续跟踪测试，公司的这款专利产品（专利号：ZL201010182328.1）可使石油采收率提高25%以上，为油田增产作出突出贡献。2024年，该产品销售量达到500吨，彰显了其在油田领域的强大竞争力与广阔市场前景。

3. 油茶皂素水凝胶水果保鲜剂

中国林业科学研究院亚热带林业研究所成功开发出一款创新型的油茶皂素水凝胶水果保鲜剂。该产品基于天然植物源成分，核心成分为油茶籽粕提取的皂素以及壳聚糖-海藻酸钠生物降解水凝胶。

该保鲜剂中的油茶皂素可精准地破坏霉菌的细胞壁结构，抑制霉菌的生长繁殖。通过先进的仿生膜技术，其在水果表面形成三维保护网络，兼具抗菌、抗氧化及温度调控功能。

该保鲜剂采用天然成分，不添加任何化学防腐剂，支持浸渍、喷淋、雾化喷涂等多种使用方式。适用于柑橘、杨梅、葡萄、香蕉等水果的采后处理及冷链运输，为行业提供全新解决方案。

二、果壳改性产品

油茶果壳作为油茶果的重要组成部分，包裹于油茶籽外部。在油茶果的构成比例中，油茶果壳约占25%，从质量层面来看，其重量大约是油茶籽的1.5倍，因此成为油茶加工过程中不容忽视的重要副产物。

深入探究油茶果壳的成分结构，聚戊糖（即半纤维素）、纤维素以及木质素是其最为关键的结构类物质。同时，在油茶果壳的总酚含量中，1,2,3,6-四-O-没食子酰-β-D-吡喃葡萄糖苷占据着一定比例，约为5%。这些独特的成分，赋予油茶果壳潜在的研究与开发价值，为其在相关领域的进一步应用提供可能。

（一）聚戊糖

油茶果壳多缩戊糖含量达30%~34%，已成为聚戊糖生产的重要原料，相关企业通过技术优化与资源整合实现规模化应用。江西、湖北等油茶主产区企业依托原料供应优势形成"油茶种植—果壳回收—聚戊糖加工"一体化链条。

围绕油茶果壳聚戊糖的开发利用取得重要进展。科研人员通过采用多种溶剂，对油茶果壳中的聚戊糖实施分级抽提操作，并在此过程中不断探索与完善，成功建立并优化了聚戊糖的高效提取工艺。凭借这一工艺，成功获取聚戊糖含量各异的系列产品。采用超声波–微波协同技术分步提取油茶果壳中的多缩戊糖，结合酸性水解工艺转化率为85%~90%，部分企业同步提取聚戊糖与油茶皂素、单宁等成分，实现油茶壳全成分利用。

经研究发现，这类油茶果壳聚戊糖产品在健康领域展现出独特价值。它们具备养护肠道的功效，能够为肠道内的益生菌提供优质养料，有助于维持肠道微生态的平衡，促进肠道健康，为人体健康奠定良好基础 。

（二）1,2,3,6-四-O-没食子酰-β-D-吡喃葡萄糖苷

1,2,3,6-四-O-没食子酰-β-D-吡喃葡萄糖苷是一种具有多种显著生物活性的物质。在抗氧化方面，它能够有效清除体内自由基，减轻氧化应激对身体的损伤；在保护神经系统上，它有助于维持神经细胞的正常功能，预防神经退行性疾病；在促进伤口愈合上，它可加速组织修复与再生；在抗肿瘤领域，它能通过多种机制抑制肿瘤细胞的生长与扩散；在抑制肥胖上，可帮助调节机体代谢，减少脂肪堆积。

传统柱层析法从油茶果壳中分离获取1,2,3,6-四-O-没食子酰-β-D-吡喃葡萄糖苷存在工艺复杂、耗时耗力等问题，严重限制其高效制备与应用。

国家发明专利CN202210501698.X采用油茶果壳醋酸-水提预处理技术，实现对1,2,3,6-四-O-没食子酰-β-D-吡喃葡萄糖苷的高效制备。经此方法制备出的产品，其1,2,3,6-四-O-没食子酰-β-D-吡喃葡萄糖苷含量高达60%，为该物质在医药、保健等领域的深入研究与广泛应用提供了坚实基础。

三、饲料及有机肥

（一）饲料

油茶籽饼粕富含茶多酚、多糖等生物活性物质，以及17种氨基酸和多种微量元素，可以有效促进动物生长发育、调节动物免疫功能。

鉴于油茶籽饼粕的优良特性，其在饲料生产领域有着广泛的应用途径。一方面，它能够直接作为生产饲料的基础原料，凭借自身丰富的营养成分，为动物提供全面的营养支持。另一方面，通过先进的提取技术，将油茶籽饼粕中的生物活性成分提取出来，可作为饲料添加剂使用。这种添加剂能够精准强化饲料的特定功能，进一步提升饲料品质，满足不同动物在不同生长阶段的特殊营养需求，为现代养殖业的高效、健康发展提供有力保障。

1. 糖萜素

糖萜素作为一种应用极为广泛的饲料添加剂，其原料来源于油茶饼粕。1998年，糖萜素被农业部批准为我国首项新型饲料添加剂，并列入《饲料添加

剂目录》。2005年，浙江大学以油茶饼粕制备糖萜素，开发生猪饲料。此后，为进一步规范糖萜素的生产与使用，相关部门制定了国家标准《饲料添加剂 糖萜素》（GB/T 25247—2010），为该产品在市场上的有序流通与科学应用提供坚实保障。

2024年糖萜素原料价格呈现两极分化：饲料级产品价格为12~24元/千克，工业级高端产品价格超100元/千克。随着"替抗"政策深化，糖萜素在饲料添加剂领域渗透率持续提升，预计2025年市场规模同比将增加18%。

山东穗泰生物科技有限公司、武汉鹏垒生物科技有限公司等企业均提供不同规格、不同纯度的糖萜素产品。在科研领域，糖萜素始终是研究的热点之一。围绕糖萜素的创新探索取得了丰硕成果，包括糖萜素制备方法的革新以及制备工艺的深度优化，旨在不断提升糖萜素的生产效率与产品质量。科研领域聚焦开发提高母鸡产蛋率、防止猪仔腹泻的饲料产品，拓展糖萜素在动物养殖不同场景下的应用，助力养殖业的高效、健康发展。

2. 无抗饲料

采用黑曲霉或复合菌群发酵油茶粕，降解油茶皂素毒性并提升蛋白含量，作为无抗饲料迅速推广。杭州咕咚酵食品有限公司采用复合酶与柠檬酸杆菌菌液发酵油茶粕，开发无抗饲料。油茶皂素与益生菌、酶制剂的复合配方逐步成为主流，水产无抗饲料市场渗透率预计超40%。

以油茶皂素为主要成分的无抗鸡饲料，最大亮点在于不含有任何抗生素成分。在实际应用中，这款鸡饲料展现出卓越的性能。一方面，它能够显著改善肉鸡的生长性能，助力肉鸡快速、健康成长，提高养殖效率；另一方面，还能有效减少肉鸡肠道疾病的发生概率，降低养殖损失。更为重要的是，该饲料能够增强肉鸡的免疫力，提升肉鸡自身抵抗力，使肉鸡在养殖过程中更具活力，为绿色、高效的养殖模式提供新的解决方案。当添加量为0.02%~0.05%时，基础饲粮喂养的秦川肉牛日增重可提升12%，血清胆固醇水平降低18%。在生猪养殖方面，可替代抗生素用于预防腹泻及呼吸道疾病，配合纤维素酶使用时，腹泻发生率下降30%，肉质胆固醇含量显著降低。

（二）有机肥

油茶果壳富含多种营养成分，其半纤维素含量高达49.34%，这一特性使其在植物栽培领域具有巨大潜力。由于油茶果壳富含皂素且半纤维素含量高，研究人员探索出一种创新的处理方式：通过添加不同的辅料，与油茶果壳进行高温有氧共发酵，以促使其充分腐熟。

经过这样处理后的油茶果壳用途广泛。它可以作为菌菇栽培基质，为菌菇的生长提供适宜的环境与丰富的养分，助力菌菇实现优质高产；也能够制成有机肥，为农作物的苗壮成长提供长效环保的肥力支持；还可用作土壤改良剂，改善土壤结构，增强土壤保水保肥能力，提升土壤质量；在花卉苗木培育方面，它还能够替代泥炭，为花卉苗木的培育开辟新的途径，以更加可持续的方式满足花卉苗木产业对优质栽培原料的需求。此外，油茶果壳经过处理后，其有机质含量和营养成分显著提升，在生态农业中具有独特优势。研究表明，使用油茶果壳作为肥料能够有效提高作物的抗逆性，增强对病虫害的抵抗能力，从而减少农药的使用，促进农业的绿色发展。与此同时，油茶果壳的利用也有助于实现资源的循环利用，减少废弃物对环境的污染，推动生态文明建设。随着人们对可持续农业和生态环保的重视，油茶果壳的应用前景将更加广阔，成为农业可持续发展的重要组成部分。

1. 菌菇栽培基质

油茶果壳因其富含纤维素、半纤维素等成分，正成为替代传统泥炭基质的环保型栽培材料。通过采用高温有氧发酵技术处理油茶果壳，利用微生物分解有害物质，开发出适用于食用菌、花卉苗木的栽培基质，菌渣还可转化为有机肥实现循环利用。

安徽万秀园生态农业集团有限公司通过油茶果壳与秸秆、棕榈灰的复配技术，实现100%替代进口泥炭基质，使油茶苗成活率提升至99%以上，苗木生长速度提高30%~46%。江西星火农林科技发展有限公司充分挖掘油茶果壳的潜在价值，以其作为核心原料，凭借先进的发酵技术，成功构建了一套涵盖菌菇种植基质和生物有机肥的完整生产技术体系。在此基础上，公司进一步投资建设油茶果壳综合利用生产线，实现规模化生产。目前，该生产线的年产量已达到5万吨，不仅高效推动油茶果壳的资源化利用，减少废弃物排放，还为农业领域提供了大量优质的菌菇种植基质和生物有机肥产品，有力促进当地农业的绿色、可持续发展，在农林资源综合利用领域树立了良好典范。

2. 生物有机肥

油茶果壳作为高木质纤维素含量的农业废弃物，通过微生物发酵和工艺优化，已成为生物有机肥生产的重要原料。通过采用塔宾曲霉、桔绿木霉等菌株，结合固体发酵技术分解油茶果壳中的纤维素和半纤维素，在14天内使木质纤维素降解率达31.05%，并同步产生挥发性脂肪酸（VFAs），提升肥效。

江西星火农林科技发展有限公司建立了油茶果壳生物有机肥生产线，年生产生物有机肥50000吨，采用"果壳脱毒—食用菌栽培—菌渣还田"技术，使化肥用量降低30%。安徽万秀园生态农业集团有限公司聚焦油茶果壳的深度开发，致力于将这一农业废弃物转化为高价值产品。公司凭借专业的技术与成熟的工艺，以油茶果壳为主要原料，成功打造了两条具有显著经济效益的产品线，即有机肥和油茶专用育苗基质。在生产规模上，公司已具备强大的产能，年产量高达2万吨。这些优质的有机肥和育苗基质产品一经推出，便迅速在市场上赢得认可，创造了显著的经济效益。据统计，公司凭借这两项产品，年产值可达1200万元，为当地农业发展注入强劲动力，同时为资源循环利用与绿色农业发展提供了成功范例。

第三节　几点启示

油茶产品的持续开发，展现了油茶资源从传统食用油到高附加值精深加工产品的全产业链开发格局。油茶籽油作为核心产品，通过技术创新衍生出冷榨茶油、直饮茶油、甘油二酯等功能化产品，满足多元化健康需求。在化妆品领域，茶油凭借天然活性成分，已形成基础油、面部护理、清洁及身体护理等系列产品,市场竞争力显著。在精深加工方面,油茶皂素改性产品在洗涤剂、农药助剂、油田泡沫剂等工业领域实现突破,油茶果壳与饼粕则被转化为聚戊糖、有机肥等高价值资源,推动循环经济发展。同时,茶油在保健食品、医用及饲料领域的应用不断深化,进一步拓展了产业间的融合。

推动油茶产业高质量发展,需深挖市场,针对不同地区消费者对油茶籽油色、香、味的需求差异,开发多化元食用油产品,同时拓展油茶籽油在保健、医药、日化领域的应用。利用油茶中的活性成分设计功能产品,并借助大数据等技术搭建产品溯源与安全控制体系。此外,还需通过全资源利用提升效益,将油茶加工剩余物开发为糠醛、饲料等多系列产品,真正"吃干榨尽"油茶果,推动产业可持续发展。

第六章

油茶产业发展效益评价

当前，油茶产业正从传统经济作物向战略性经济生态产业转型，油茶林的经济价值、生态价值与健康价值形成正向循环，为我国农林业的可持续发展提供了一个创新支点。

第一节　油茶产业发展指数和创新指数

一、油茶指数制定的背景

为更直观地反映油茶产业发展趋势，帮助政府部门监测产业发展状况、制定和调整产业政策，帮助企业通过产业指标来判断市场趋势、制定发展战略，帮助研究者通过产业指标分析和预测产业的发展规律及未来走向，根据国家产业指标编制规则，研究制定了特色优势产业发展指数。

油茶产业发展指数是一系列用于评估和衡量油茶产业发展状况的数据指标，是反映油茶产业发展状况的重要工具，能够反映产业的规模、结构、效益以及发展质量，对于促进油茶产业的健康发展、优化产业结构、提高产业竞争力具有重要意义。

油茶产业创新指数是一套通过量化指标系统，科学评估、动态监测和综合反映油茶产业整体创新能力水平及其发展态势的综合性评价工具。该指数聚焦于油茶产业每年新增研发投入、新增专利、新增研发产品、新增培养人才等关键维度的投入强度、活跃程度、产出效率与实际成效。

二、油茶指数基准年及样本指标

（一）油茶指数基准年

油茶指数以2024年为基准年。

（二）油茶产业发展指数与创新指数样本指标

1. 油茶产业发展指数

（1）产业规模指标

一产业方面：种植面积、收获面积、年产量、初级农产品总产值、从业人数；二三产业方面：年产业增加值、总产值、销售额、库存、就业人数等。产业规模指标用于衡量产业的总体经济规模。

（2）产业结构指标

包括油茶鲜果年加工量、干籽年加工量、产油量，以及它们的比例、产业链上下游关系等。产业结构指标用于评估产业的结构，反映产业内部的构成情况，主要是初级农产品年产量，加工后的主要产品的产量、占比等。

（3）产业效益指标

包括年销售额、年成本、年上缴税收、年利润、年资产收益率、年市场份额或占有率等。产业效益指标用于评估产业的经营成果和市场表现。

2. 油茶产业创新指标

一是新增生产能力指标，包括：新增固定资产投资额、技术改造投资额、年新增专利和新增研发品种、年新增生产量。二是创新建设指标，包括：年新增研发投入经费、年培养人才数等。油茶产业创新指标用于衡量油茶产业的长期发展潜力和竞争优势。

（三）指标的分值

1. 油茶产业发展指数的具体指标及分值

种植面积10分，油茶鲜果年产量12分，种植业从业人数8分，年加工总产值12分，年销售额12分，加工销售就业人数8分，年上缴税收5分，年利润8分，年资产收益率6分，年新增资产投入5分，年研发经费投入8分，年申请专利6分。总计100分。

2. 油茶产业创新指数的具体指标及分值

新增固定资产投资额（含技术改造）18分，年新增研发投入经费18分，年新增专利16分，新增研发品种16分，年新增生产量16分，年新增培养人才数16分。总计100分。

（四）油茶指数的计算

1. 油茶产业发展指数计算

按报告期下一年度60家样本企业的某一指标值总和与基期年2024年指标值总和进行对比，乘以对应分值，得出报告期样本指标值，最后对所有指标值进行加和，即为报告期产业发展指数。

例：2025年种植面积指标值 ＝（2025年种植面积/2024年种植面积）×种植面积权重分值10分

其他项指标参考计算。

2025年产业发展指数 ＝ 2025年所有指标相加之和

2. 油茶产业创新指数计算

按报告期下一年度60家样本企业的某一指标值总和与基期年2024年指标值总和进行对比，乘以对应分值，得出报告期样本指标值，最后对所有指标值进行加和，即为报告期产业创新指数。

例：2025年新增固定资产投资指标值 ＝（2025年新增固定资产投资含技术改造总和/2024年固定资产投资含技术改造总和）×新增固定资产投资权重分值18分

其他项指标参考计算。

2025年产业创新指数 ＝ 2025年所有指标相加之和

三、样本企业

通过调查问卷的方式，征集油茶主要产区样本企业60家，其中湖南26家，江西16家，广西5家、湖北7家、福建2家、浙江1家、安徽1家、河南1家、云南1家；按行业分类为种植和加工兼营企业52家，单一种植企业3家、单一加工企业5家。名单详见表6-1。

表6-1　中国油茶产业（2024）发展指数样本企业

序号	区域	企业名称	企业类型
1	湖南	洞口县亿丰农林牧科技有限公司	种植/加工
2	湖南	湖南楚山宝农业发展有限公司	种植/加工

序号	区域	企业名称	企业类型
3	湖南	湖南大三湘茶油股份有限公司	种植/加工
4	湖南	湖南东方天润农业科技有限公司	种植/加工
5	湖南	湖南贵太太茶油科技股份有限公司	加工
6	湖南	湖南九丰农业发展有限公司	种植/加工
7	湖南	湖南聚尔康茶油生物科技有限公司	种植/加工
8	湖南	湖南雷叔叔油茶产业发展有限公司	种植/加工
9	湖南	湖南秦湘九州生物科技股份有限公司	种植/加工
10	湖南	湖南润农生态茶油有限公司	种植/加工
11	湖南	湖南山润油茶科技发展有限公司	种植/加工
12	湖南	湖南省金柠农林发展股份有限公司	种植/加工
13	湖南	湖南省康多利油脂有限公司	种植/加工
14	湖南	湖南省十月花茶油有限公司	种植/加工
15	湖南	湖南天华油茶科技股份有限公司	种植/加工
16	湖南	湖南湘丰源农林发展股份有限公司	种植/加工
17	湖南	湖南新金浩茶油股份有限公司	种植/加工
18	湖南	湖南亚美茶油股份有限公司	种植/加工
19	湖南	湖南攸爱生态农业股份有限公司	种植/加工
20	湖南	湖南正盛农林科技开发股份有限公司	种植/加工
21	湖南	怀化盛源油脂有限公司	加工
22	湖南	靖州县金茶油科技开发有限责任公司	种植/加工
23	湖南	临武县林富茶业发展有限责任公司	种植
24	湖南	汨江源山茶油股份有限公司	种植/加工
25	湖南	益阳福民油茶产业发展有限公司	种植/加工
26	湖南	湖南省展望生物科技发展有限公司	种植/加工
27	江西	江西安投油茶科技有限公司	种植
28	江西	江西恩泉油脂有限公司	种植/加工
29	江西	江西赣木霖油茶发展有限公司	种植/加工
30	江西	江西齐云山油茶科技有限公司	种植/加工
31	江西	江西青龙高科油脂有限公司	种植/加工
32	江西	江西上洛山农业发展有限公司	种植/加工

续表

序号	区域	企业名称	企业类型
33	江西	江西神州通油茶科技有限公司	种植/加工
34	江西	江西省德义源生态农业发展有限公司	种植/加工
35	江西	江西省天玉油脂有限公司	加工
36	江西	江西星火生物科技有限公司	种植/加工
37	江西	江西兴国嘉香乐食品有限公司	种植/加工
38	江西	江西友家食品有限公司	种植/加工
39	江西	江西友尼宝农业科技股份有限公司	种植
40	江西	江西源盛茶油科技有限公司	种植/加工
41	江西	武宁县西海生态农业综合开发有限公司	种植/加工
42	江西	于都耕心堂油茶开发有限公司	种植/加工
43	广西	百色市建鑫植物油股份有限公司	种植/加工
44	广西	广西三椿生物科技有限公司	种植/加工
45	广西	广西三门江生态茶油有限责任公司	加工
46	广西	广西田林长江天成农业投资股份有限公司	种植/加工
47	广西	广西中洲生态农业投资有限公司	种植/加工
48	湖北	恩润生态农业开发有限公司	种植/加工
49	湖北	红安县将军红山茶油有限公司	种植/加工
50	湖北	湖北恒贸茶油有限公司	种植/加工
51	湖北	湖北荆楚源油脂有限公司	种植/加工
52	湖北	湖北省宝典茶油科技股份有限公司	种植/加工
53	湖北	湖北四季春油茶开发有限公司	加工
54	湖北	麻城市鸿宇农业开发有限责任公司	种植/加工
55	浙江	台州康能山茶油食品有限公司	种植/加工
56	福建	福建省阿嬷家健康科技股份公司	种植/加工
57	福建	福建省沈郎油茶股份有限公司	种植/加工
58	河南	河南省联兴油茶产业开发有限公司	种植/加工
59	云南	盈江盈林油茶有限责任公司	种植/加工
60	安徽	安徽东旭大别山农业科技有限公司	种植/加工

四、油茶产业发展指数

油茶产业发展指数以2024年为基准年，指数值为100。见表6-2。

表6-2 油茶产业发展指数

项目类型	序号	指标	权重分值	2024年基准值	单位
产业发展指数	1.1	种植面积	10	803346.17	亩
	1.2	油茶鲜果年产量	12	303000.81	吨
	1.3	种植业从业人数	8	10631	人
	2.1	年加工总产值	12	677594.76	万元
	2.2	年销售额	12	629694.39	万元
	2.3	加工销售就业人数	8	61484	人
	3.1	年上缴税收	5	7356.52	万元
	3.2	年利润	8	33791.17	万元
	3.3	年资产收益率	6	8.94	%
	4.1	年新增资产投入	5	6.26	万元
	4.2	年研发经费投入	8	11460.92	万元
	4.3	年申请专利数	6	185	件
		小计	100		

五、油茶产业创新指数

油茶产业创新指数以2024年为基准年，指数值为100。见表6-3。

表6-3 油茶产业创新指数

项目类型	序号	指标	权重分值	2024年基准值	单位
产业创新指数	1.1	新增固定资产投资额（含技术改造）	18	56230.55	万元
	1.2	年新增研发经费投入	18	11460.92	万元
	1.3	年新增专利数	16	185	件
	1.4	新增研发品种	16	101	个
	1.5	年新增生产量	16	14002.17	吨
	1.6	年新增培养人才数	16	1013	人
		小计	100		

第二节　行业发展引领

一、在行业中的地位

油茶产业作为中国特色的农林产业,在食用油、健康食品、生态经济及乡村振兴等领域具有重要地位,极具发展潜力。

（一）油茶产业在食用油行业中具有独特优势

茶油是中国特有的高端木本食用油,全球90%以上的油茶资源集中在中国,具有资源稀缺性和不可替代性。茶油富含不饱和脂肪酸（油酸、亚油酸）和抗氧化物质（维生素E、角鲨烯）,是FAO（联合国粮食及农业组织）公认和重点推广的健康型高级食用植物油,契合健康消费升级趋势。2024年,全国茶油产量突破100万吨,市场份额占比约7%,成为高端食用油市场增速较快的品类之一。其"不与粮争地"的特性,更是在耕地资源趋紧背景下凸显战略价值。

（二）油茶产业在资源储备方面具有独特优势

从2021年到2030年,木本油料的扩种空间约为1.09亿亩,油茶具有显著的土地适宜性,不与粮食争地,可在贫瘠丘陵山地生长,国家将其列为"保障粮油安全战略资源"。《加快油茶产业发展三年行动方案（2023—2025年）》提出到2025年种植面积达9000万亩,油茶籽油产能达200万吨,地方政府通过资金补贴、技术推广、品牌建设等推动油茶规模化、集约化发展。随着国内市场对植物油及饲料蛋白需求增长,近年来,油料油脂的进口量呈现持续攀升的态势。2024年,我国进口油料总计11500万吨,其中,进口大豆10503.1万吨、油菜籽638.6万吨、芝麻111.1万吨;2024年,我国进口各类食用植物油总计804.3万吨,其中,进口大豆油28.2万吨、菜籽油188.1万吨、棕榈油366.7万吨。每增加100万吨油茶籽油产能,按大豆出油率18%折算,可减少约550万吨大豆进口。若远期产能达250万吨,相当于减少大豆进口量约1400万吨,占当前进口量的13.3%。油茶为多年生作物,产果期超50年,抗风险能力优于一年生油料作物,可在国际供应链波动时提供稳定油源。

（三）油茶产业在生态与经济协同发展方面具有独特优势

油茶耐贫瘠、抗干旱，适合丘陵山地种植，可有效减少水土流失，兼具碳汇功能，符合"双碳"目标。湖南省怀化市中方县探索"油茶+碳汇"模式，经初步测算，其油茶林年固碳量23.6万吨，固碳效益约6900万元。未来，碳汇交易、生态补偿机制或为油茶种植注入新资金。

油茶产业的发展对于推动乡村振兴和区域经济发展具有重要意义。在油茶主产区，通过发展油茶产业，可以打造特色农业产业集群，吸引资金、技术和人才向农村聚集，促进农村一二三产业融合发展。油茶产业覆盖全国600多个脱贫县，带动近200万户农户增收，每户年均增收3000~5000元。同时，油茶产业的发展还能带动基础设施建设、生态旅游等产业发展，改善农村面貌，提升农村经济发展水平，为乡村振兴提供有力支撑。

二、行业发展作用

油茶产业作为经济林特色产业，在多个行业中发挥着重要作用，其发展不仅具有经济价值，还具有生态价值和社会效益。

（一）推动农业结构调整与乡村振兴

2024年，多地将发展油茶产业作为调整农业产业结构的重要抓手。四川省自贡市荣县积极发展油茶产业，2023年油茶面积达19万亩，年产总值5亿元，2024年油茶面积达20万亩，年产值超5.2亿元。油茶产业的发展，促进当地农业向多元化、高效益转型。同时，油茶产业为乡村振兴注入强大动力。四川省隆昌市通过"企业+农户"等模式，带动大量农民参与油茶种植、管理与加工，使林农人均年增收1100元。林农不仅可以通过土地流转获得租金收入，还能在油茶产业基地务工，增加劳务收入，实现在家门口就业增收，从而助力乡村振兴战略实施。

（二）保障国家粮食安全

2023年，全国茶油产量比2022年增加17.64%，2024年同比增加30.94%，缓解了对大豆油、棕榈油进口的依赖，增强粮油自给能力。全球粮油市场波动频繁，油茶作为本土特色油源，可提升国家粮油战略储备的稳定性。

（三）促进生态保护与绿色发展

油茶树根系发达，具有固土保水、防止水土流失的作用，适合在生态脆弱地区（石漠化区域）推广种植。油茶林也是重要的碳汇资源，有助于实现"双碳"目标。2024年11月，江西省赣州市兴国县首批4202.27吨油茶林碳汇上线交易，每吨交易价50元。按20年的碳汇期计算，该县新造的17.4万亩油茶林总交易价值将超过5100万元，平均每亩每年能为农户增收近15元。

（四）推动食品与健康产业发展

随着消费者健康意识的提升，茶油因其富含不饱和脂肪酸、油酸及亚油酸等有益成分，成为高端食用油市场的热门产品。浙江省常山县联合浙江大学成立了油茶产业联合研究中心，依托浙江大学的技术和学科优势，整合上下游行业资源，在山茶油化妆品、保健品领域开展校地合作。研究证实，山茶油中的山茶甙、油茶皂素等成分具有抗炎、抗老化等功效，浙江大学据此将油茶产业延伸至大健康方向。2024年12月30日，在常山县油茶产业创新发展大会上，常山县与浙江大学联合研发的山茶油定胜糕、茶树花DHA神经酸固体饮料等10余款油茶衍生新品正式发布。

（五）带动科技创新与产业升级

通过培育高产良种、推广机械化采收、智能化加工等技术，推动油茶产业提质增效。由国家林业和草原局哈尔滨林业机械研究所牵头，依托国家林业和草原局应急揭榜挂帅"油茶采收机械研发"项目，联合全国优势农林装备产学研等20余家单位开展协同研发，成功研制分层式柔性梳刷采摘装备、振动式便携采摘装备、轻简自走式采收装备、空中轨道智能采收机器人等，并开发出油茶果收集装置及采收决策系统。创新"适地适机、机艺融合、多机联动"作业模式，研发油茶装备监管调度平台，组建油茶机械化采收作业服务队，在浙江和江西建立林机服务中心。在江西省分宜县开展油茶机械化采收效率对比试验，机械联合作业效率是人工的5.1倍，基本实现油茶采收"机器换人"。

（六）提升国际竞争力与文化输出水平

中国茶油在国际市场持续崭露头角,出口至欧美、东南亚等地,成为高端健康食品代表。油茶文化历史悠久,与油茶籽油相关的饮食、医药等传统文化可通过产业推广走向世界,增强文化软实力。2024年1月,湖南永州道县"道州土法榨茶油技艺"入选（第六批）省级非物质文化遗产代表性项目名录。该技艺利用传统木制榨机提炼茶籽油,涵盖烘籽、上料、翻料、出料、上碾、粉碎、蒸粉、制饼、上榨、打油、下榨等多道工序,在道县22个乡镇均有分布,尤以祥霖铺镇、审章塘瑶族乡等油茶采种区为核心。祥霖铺镇八家村传承此技艺已逾300年,成为传统手工业活态传承的典范。

三、从大农业观、大食物观分析

在全球气候变化加剧、粮食安全挑战升级的背景下,中国油茶产业以其独特的经济潜力和生态价值,正在重塑大农业产业体系格局。作为油茶原产国,我国油茶种植面积已超7000万亩,年产茶油突破100万吨,这一兼具营养供给与生态修复功能的产业,正成为践行大食物观的创新样本。

（一）油茶产业在大农业产业体系中的角色

1. 生态保护的先锋产业

大力发展油茶产业,能够增加森林植被覆盖面积,起到保持水土、涵养水源、净化空气的作用,对于改善生态环境、维护生态平衡意义重大。在一些水土流失较为严重的地区,油茶林能够减少土壤侵蚀,为生态系统稳定作出贡献。

2. 促进农民增收的支柱产业

油茶产业链长、就业吸纳力强、增收效应持久。从油茶种植到采摘,再到油茶籽的加工与销售,这一系列环节蕴含着就业机会,能够促进农民增收致富。对于山区农民来说,油茶林是他们的"绿色银行"。油茶产业不仅为农民带来直接持续的经济收入,还极大地促进了包装、物流等产业的繁荣,为农民增收拓宽了渠道,增添了经济活力。

3. 推动农业产业结构优化的重要力量

油茶产业作为特色的传统优势产业，丰富了农业产业结构的类型。其发展有助于推动农业从单一的粮食生产向多元化、特色化方向转变，提高农业产业的综合效益。同时，油茶产业与其他农业产业可以形成良好的产业互补关系，可与林下经济相结合，发展林下养殖、特色中药材种植等，进一步提升农业资源的利用效率。

（二）大食物观下油茶产品作为特色食物资源的开发潜力

1. 健康食用油市场的广阔空间

茶油不饱和脂肪酸含量超过90%，富含茶多酚、维生素E等多种营养成分，可降低胆固醇、预防心血管疾病，契合健康消费趋势。在健康食用油市场不断扩大的背景下，茶油凭借其独特的营养优势，未来市场开发潜力巨大。

2. 特色食品开发的多种可能

除作为食用油外，油茶产品在特色食品开发领域同样展现出巨大潜力。利用茶油这一优质原料，可以研发出茶油饼干、茶油糕点及茶油糖果等多种休闲食品，这些食品不仅风味独特，更富含多种营养成分，能充分满足消费者对特色食品与健康食品的双重需求。油茶果壳与油茶饼粕等副产物同样具备深加工价值，通过提取其中的有效成分，可应用于生物农药及饲料添加剂的生产，从而实现资源的高效利用，为油茶产业提供更为广阔的发展空间。

3. 功能性食品和保健品领域的潜力挖掘

随着生物技术不断发展，油茶产品在功能性食品和保健品领域的开发潜力逐渐显现。油茶籽油中的营养成分具有抗氧化、抗炎等生理活性。通过现代提取和加工技术，可以将这些有效成分分离出来，开发出具有特定保健功能的产品，如软胶囊、口服液等。茶油中的一些活性物质还可以用于化妆品原料、护肤及护发产品的开发，进一步延伸油茶产业链条。

4. 丰富食物供给种类，保障国家粮食安全

大食物观强调从更广阔的视野开发食物资源，满足人民群众多样化的食物需求。油茶产业作为特色食物资源产业，其发展有助于丰富我国的食物供给

种类,增加食物供给总量。油茶不与粮食作物争抢耕地,它能在边缘土地上生长,产出高品质的食用油及多样食品,为国家的粮食安全构筑起坚实的后盾。在全球粮食安全形势日益严峻的背景下,油茶产业的战略价值越发凸显。

5. 传承和弘扬中华优秀传统文化

油茶在中国有着悠久的种植和利用历史,与中华民族的饮食文化、民俗文化紧密相连。开发油茶产品,不仅是对特色食物资源的利用,也是对中华传统文化的传承和弘扬。通过将油茶文化与现代产业相结合,可以提升油茶产品的文化附加值,增强民族自豪感和文化认同感。

第三节　区域经济发展

一、直接效益

油茶产业发展能够创造显著的经济效益。油茶籽油的精深加工和副产物的综合利用能够进一步提升产品附加值,推动茶油市场扩展。同时产业的直接效益还可通过森林碳汇资金、发展森林旅游等渠道获取。油茶新造林前3年投入3500~4000元/亩,一般第6年进入盛果期。通过林下间种、养殖及茶麸、茶壳等副产品综合利用等,产值有望得到进一步提升,经济效益前景十分广阔。全国劳动模范、福建省永泰县希安油茶专业合作社负责人卢玉胜在参加2024年全国两会时表示:我们通过油茶发展乡村振兴产业,以后乡亲们在家门口就可以就业,只要认真干,收入不比在城里打工低。

种植油茶可一次种,多年收。盛果期管理得当,可以持续丰产。在《中国油茶产业发展蓝皮书(2023)》中提及横州市那阳镇三合村的高产香花油茶林,2023年亩产茶油167.9千克,2024年测产亩产茶油降至85千克。尽管产量"腰斩",专家仍肯定其稳定性。原来,当初种植时林主缺乏经验,按速生用材林密度,每亩种植110株。长到六七年时,相邻油茶树枝叶交叉相互遮蔽,必须疏伐才能持续丰产。连续测产的这块200平方米样地,2024年春季将之前32株油茶树间伐掉15株，保留17株，跟2023年的高产峰值相比，单株平均产量持平。

香花油茶结果

湖南省林业科学院选育的'湘林210'具有果大皮薄、丰产性能好、适应性强等优点，被产区群众称作"全球通"，种植面积超300万亩，是全国种植最广的油茶良种之一。湖南省林业科学院油茶科研团队通过持续优化'湘林210'的树形及水肥管理策略，构建了标准化栽培模式。2024年，15个示范基地继续保持丰产，亩产鲜果876.1~1700.3千克，最高亩产茶油93.5千克，创历史新高。

'湘林210'结果

中南林业科技大学选育的'华硕''华金''华鑫',在精细化管理下,亩产茶油50千克。中南林业科技大学选育的'德油2号'新品种,高接换冠第5年测得亩产茶油89.49千克。

'德油2号'油茶果

油茶产业对区域经济的带动作用还体现在就业、税收、土地增值等方面。广西贵港市港北区阜宝种养专业合作社社长覃品初介绍,该地曾种植砂糖橘,因效益不佳而放弃种植。砂糖橘种植的失败对合作社成员打击很大。在政府的持续鼓励、宣传推广及资金支持下,合作社开始油茶种植。基地现有油茶种植面积300余亩,历经多年已建立起规范高效的管理模式。覃品初带领社员对外承包油茶管护业务,以补贴油茶种植基地的前期投入。近年来,基地辐射带动周边油茶种植大户7户,种植面积1000余亩。阜宝合作社种植油茶的300亩山地系租用当地村集体土地,每亩年租金120元。除租金外,村集体还利用政府乡村振兴帮扶资金入股合作社,每年获得6%固定分红。不仅如此,油茶施肥、除草及采收时,合作社会雇用附近村民,按每人每天100元支付工资,辐射带动周边92户农户增收,含已脱贫家庭14户。

重庆酉阳土家族苗族自治县地处武陵山腹地,拥有1500年油茶栽种历史,其土地肥沃、植被丰富、光照充足。近年来,酉阳找准"山的价值",在荒山荒坡上种植油茶达40万亩,并成立5家精深加工企业,培育115家市场主体,积极构建从种苗、栽植、研发、加工到销售一体化发展的油茶全产业链,建成了全市规模最大的种苗基地和油茶种植基地,油茶产能占全市80%,累计带动20万名群众增收。2024年，酉阳油茶籽油销售收入达2.9亿元，加工总产值达3.21亿元。

油茶种植周期长，企业或合作社倾向于长期租赁土地，推动土地流转价格逐年上涨。集中连片种植能够降低管理成本，吸引资本注入，土地规模化溢价可达20%~30%。湖南部分地区的荒山租金从每亩50元/年增至200元/年；江西赣州油茶产区因产业路贯通，周边农用地增值约15%。此外，油茶林下还可套种中药材或养殖家禽，实现"一地多收"，提高土地综合产出率。

二、间接效益

油茶的间接效益体现在多个方面，对生态环境、社会经济、人才团队建设、科技平台建设以及技术创新应用均产生积极的影响。

（一）生态环境改善

油茶为常绿深根性树种，根系发达，能有效固定土壤，减少雨水冲刷导致的水土流失。油茶林冠层密集，可截留降水并减缓地表径流，增加地下水补给。油茶在退化林地和矿山修复中作用显著。江西吉安县借助油茶种植，成功修复5619.6亩矿山水土流失区域，不仅恢复了生态，还带来了经济效益。浙江常山县编制全国首个《油茶林管理项目方法学》，建立碳汇监测平台，实测油茶林年均固碳量达1.5吨/公顷，并探索"碳汇量+产量"双增模式。江西兴国县开发的《油茶碳汇计量技术指南》，为全国油茶林碳汇开发提供标准化参考。多地通过碳汇项目将油茶生态价值转化为经济收益。江西兴国县试点油茶林碳汇开发，林农可同时获得油茶籽油销售和碳汇交易双重收入。浙江常山县通过碳足迹评估，推动油茶籽油产品进入低碳市场，提升产业链附加值。油茶产业通过水土保持、碳汇增容、退化地修复及生物多样性保护等途径，成为生态保护与经济发展协同推进的典范。

（二）社会经济发展

通过基础设施升级、三产融合、文化赋能和政策驱动，油茶产业成为乡村振兴的重要引擎。湖北省统筹13.45亿元财政资金，其中40%用于油茶基地基础设施建设，每亩新造林补助1200元。江西省3年内安排60亿元补助资金，支持油茶林道路、灌溉设施等建设。江西省推动油茶产业高质量发展3年行动计划（2023—2025年），计划在3年内筹措油茶基地建设资金300亿元，安排油茶种植补助资金60亿元。油茶产业发展还促进了生态与旅游设施的融合发展，江西省兴国县依托基础设施完善的油茶基地，建立隆坪油茶博物馆，并引导杰村含田高产油茶基地联合周边民宿及脐橙、杨梅园，打造以"油茶+民宿+休闲旅游"为主题的文旅庄园。

（三）人才团队建设

在专业人才培养方面，结合国家层面的揭榜挂帅专项，组建团队，并形成覆盖良种选育、机械研发、产业推广的全链条创新体系。油茶人才团队建设已形成"返乡创业激活产业、技术培训提升技能、产学研融合推动创新"的良性循环。安徽省六安市青山乡联合当地油茶生产种植大户为附近农户提供科技培训和技术服务，惠及农户100余户、200多人次，并且结合"乡贤能人"招引积极拓展"外引"渠道，持续吸引优秀的农民工返乡创业，进一步强化人才培养与引进机制。

（四）科技平台建设

2024年，油茶科技平台的建设呈现两大趋势：一是深化产学研合作。木本油料资源利用全国重点实验室顺利通过农业领域国家重点实验室重组评审，该实验室获科技部批准，依托湖南省林业科学院、中南林业科技大学、东北林业大学联合共建，以"打造全球木本油料创新高地，成为木本油料应用基础研究策源地和关键核心技术引领者"为目标，主要任务为4个研究方向：木本油料资源挖掘与性状调整、木本油脂绿色智造与品质控制、木本脂质定向转化与功效解析和木本油料副产物高值增效转化。广西林业实验室是全国林业领域唯一的省级实验室，由广西林科院和13家区直国有林场牵头，联合广西大学、广西森工集团共建，2024年成立第一届理事会和学术委员会，汇聚中国工程院院士及全国知名专家担任"智囊团"，指导科研方向。二是数字化技术赋能。由中国林科院亚热带林业研究所研发的"油茶卫士"2024年正式推广，该平台基于人工智能和大数据模型，可识别54种油茶病虫害，准确率达85%以上，并提供防控建议，覆盖浙江、江西、湖南等主产区，显著提升病虫害防治效率。

（五）技术创新应用

油茶产业的发展进一步催化了技术的创新发展。据不完全统计，2024年，油茶行业获省部级成果奖励7项，制（修）订行业标准1项、地方标准16项、团体标准24项；授权（公开）专利973件，全国新审（认）定的油茶良种21个，获国家林草局认定新品种30个。

第四节　促进科技进步

一、科技奖励情况

（一）湖南

1. 油茶丰产稳产栽培气象保障关键技术创新与应用

创建了影响油茶丰产稳产的气象条件及其指标的精准筛选、构建技术，筛选出影响油茶产量、品质的7个关键物候期和24项气象条件指标及6类主要气象灾害。首次建立了油茶丰产稳产栽培的气象保障技术体系，率先研发了油茶产量气象预报技术和油茶气候品质评价技术，为油茶提质增效中的市场价格拟定、特色品牌创建提供强有力的气象技术支撑。

2. 油茶高规格容器大苗繁育及品种鉴别技术研发与应用

针对油茶良种繁育技术体系不完善、种苗质量差、品种鉴别难等重大瓶颈问题，联合省内外科研团队协同攻关，以培育优质良种壮苗为目标，开展油茶良种高规格容器大苗繁育关键技术研究，从油茶良种高效繁育技术入手，通过优化芽苗砧嫁接技术体系，解决良种规模化繁育技术难题。率先突破了油茶组培苗生根技术瓶颈，研发油茶组培苗生根与移栽"一步法"技术；研创了油茶扦插生根剂及扦插繁育技术。通过育苗容器、轻基质配方、水肥管理等环节，解决壮苗培育的问题，提高良种大苗的质量，使造林后投产期提早1~2年。制定了油茶良种苗木分级质量标准及油茶容器大苗标准，通过油茶苗木形态特征研究、DNA指纹图谱构建等，解决良种苗木鉴别难的瓶颈，提高苗木纯度。

（二）广西

1. 香花油茶新品种选育及利用

该成果获2023年广西科技进步奖一等奖。围绕"早实、丰产、稳产"的核心育种目标，从香花油茶中选育出种植满3年试产、5年达产的'义禄'和'义臣'两个全国油茶主推品种，较现有主栽油茶品种提早2~3年挂果，种植满5年茶油产量较广西主栽品种'岑软3号'分别提升216.05%和175.39%，为破解油茶规模化生产品种结构单一、种植收益见效慢提供突破性品种支撑。研发应用品种配置、大苗种植、幼树扩冠、成花诱导等早期丰产及连年稳产关键配套种植技术，种植满4~6年林分茶油产量最高分别达561千克/公顷、1464.0千克/公顷、1819.5千克/公顷，创国内种植满5年油茶林高产纪录。深度挖掘香花油茶果皮的利用价值，研发了利用果皮制备乳化剂等绿色精细化学品技术，实现加工过程中最大剩余物——果皮的产业化利用。

项目选育通过审（认）定全国油茶主推品种2个，配栽品种4个。取得植物新品种权3个，获授权发明专利4件，国际专利1件，制订各类标准4项，发表SCI一区论文2篇，打造了"益元XX"香花油茶籽油联合品牌。建成砧木采种园3个、采穗圃8个，繁育苗木1800万株，营建示范林1万余亩，推广造林超10万亩，2021—2023年新增产值超5亿元，销售收入和利润分别达到1.76亿元和0.84亿元，通过油茶种植帮扶脱贫户1028户。成功推动油茶良种升级换代，为油茶产业提质增效、助推乡村振兴提供重要科技支撑，经济、社会和生态效益显著。

2. 香花油茶扦插容器苗培育技术规程

该成果获2024年广西标准化协会高质量团体标准科学技术奖二等奖。该标准所涉及的技术内容历经15年研发，涵盖苗圃苗床建设、基质选择、插穗选择与处理、促芽、配方施肥以及光、温、水等环境调控等油茶育苗各个环节。集成了油茶扦插皮部生根调控、冬季加温扦插快繁、容器苗两段培育、6-苄氨基腺嘌呤促芽以及配方施肥共5项自主核心技术。通过这些技术的集成应用，目前香花油茶生产中扦插苗繁育成活率均超过90%，两年生大容器合格苗的育苗周期由24个月以上缩短至16个月，大幅提高成活率并缩短育苗周期、降低育苗成本。

截至2024年，该标准已在所有39家自治区种苗站监管下的香花油茶良种苗木繁育单位贯标应用，香花油茶良种苗木100%采用扦插育苗。2021—2023年，通过贯标，已繁育苗木3513万株，推广造林10多万亩。通过该标准的实施，加速了香花油茶良种的推广种植，支撑了"香花油茶新品种培育及利用"成果，经济、社会和生态效益显著。

二、科技创新团队

（一）湖南

1.湖南省林业科学院油茶研究团队

团队首席专家为陈永忠。团队目前有22人，其中正高职称8人、副高职称5人、博士13人。团队入选国家林业和草原局第二批"林草科技创新团队"。

团队研究方向：团队围绕"油茶种业创新技术""油茶丰产栽培技术""油茶功能成分绿色制取与副产物全资源利用技术""油茶智能机械装备研发"等油茶全产业链研究方向布局，针对油茶产业发展中全局性、区域性等关键技术问题，以及产业发展的重大技术需求，开展全产业链技术创新和工程化应用研究，实现科技成果的工程化和产业化，支撑和引领现代油茶产业的高质量发展。

团队主要成果：建成国家级油茶种质资源收集库，牵头组建国家油茶工程技术研究中心。创制'国油''四霞'等油茶新品种15个，选育"湘林"系列油茶良种94个，其中国家审（认）定油茶良种19个。取得重大技术成果20多项，其中主持完成的"油茶雄性不育杂交新品种选育及高产栽培技术和示范"成果获国家科技进步奖二等奖。主编出版《中国油茶》《油茶源库理论与应用》等专著10部，参编《中国油茶遗传资源》等专著6部。牵头制定国家标准《油茶苗木质量分级》（GB/T 26907）等国家、行业标准及地方标准15项。2023年获"全国林草系统先进集体"。

2. 中南林业科技大学油茶研究团队

团队首席专家为袁德义。团队入选国家林业和草原局第四批"林草科技创新团队"。

团队研究方向：团队聚焦油茶种业创新发展瓶颈，依托经济林育种与栽培国家林业和草原局重点实验室，集中力量攻克一批"卡脖子"技术，创制一批油茶重大新品种，为打造具有核心竞争力的科技创新高地、加快农业现代化提供有力支撑。

团队主要成果：一张图谱。破译油茶二倍体和四倍体全基因组，构建油茶基因组精细图谱，使得油茶育种进入分子育种时代；在破译油茶基因组的基础上，创建"油茶品种DNA指纹图谱构建技术"和"分子身份证"，实现品种精准鉴定。三项技术：针对油茶传统育种周期长、育种效率低的问题，创建油茶远缘杂交育种、体细胞杂交育种和倍性育种技术体系，突破油茶远缘杂交和体细胞杂交技术瓶颈，开创油茶种质创制的新途径。培育出10个有重大应用价值的油茶新品种；通过19年远缘杂交育种，创制出3个果大、皮薄、高产、抗病的"新一代"油茶新品种'德油2号''德油3号'和'德油4号'，获国家新品种权，茶油亩产达75千克以上，实现'德油2号'系列油茶新品种单项转化额达2700万元；选育出大果、高产、宜机械化栽培的'海油3号''美林1号'等7个适宜海南、广东种植的油茶新品种，亩产茶油达50千克。同时，创制出一批春花秋实的油茶新种质，这些春花新品种不仅将改变以往油茶秋冬季开花不利于花期传粉的缺点，同时兼顾植株矮小便于管理、早果丰产等优点，将为我国油茶高质量发展注入强劲活力。

（二）江西

江西省林科院油茶研究团队，首席专家为温强。团队目前有27人，其中正高职称7人、副高职称6人、博士10人、硕士9人。团队入选国家林业和草原局第五批"林草科技创新团队"。

团队研究方向：油茶良种选育与繁育；油茶绿色高效栽培技术；生产机械装备研发；茶油制取新技术研发；茶油精深加工和副产物综合利用。

团队主要成果：获得油茶等经济林相关科研成果60项。选育国家油茶良种18个，省级油茶良种13个。获植物新品种权3项。制定国家行业标准、省级地方标准10项。获授权发明专利6件，实用新型专利10件。出版论著7部。在核心以上期刊发表论文100余篇。先后获得国家级、省部级成果奖励13项，其中，国家科技进步奖二等奖1项、三等奖1项，省部级科技进步奖一等奖1项，省部级科技进步奖二等奖5项、三等奖5项。

（三）广西

广西林科院油茶研究团队，团队首席专家为马锦林。团队目前有18人，其中正高职称9人、副高职称7人、博士5人、硕士12人。团队入选国家林业和草原局第四批"林草科技创新团队"。

团队研究方向：油茶种质资源收集、保存及评价；油茶重要经济性状遗传分析及油脂合成调控；油茶良种选育与种苗繁育；油茶高效栽培与低产林改造技术研究；油茶高值化利用研究。

团队主要成果：建成华南地区最大的油茶种质资源收集库，收集保存山茶属物种近百个，种质1000多份。选育出通过国家或自治区审（认）定的油茶良种46个，获新品种授权28项，油茶相关发明专利授权26件，制（修）订标准18项，出版专著4部，登记科研成果超过100项。先后获得国家级、省部级成果奖励12项，其中国家科技进步奖二等奖2项，广西科技进步奖一等奖2项、二等奖3项、三等奖2项，梁希科技进步奖二等奖1项、三等奖2项。与泰国、越南、希腊等多个国家开展基于油茶、油橄榄等树种的国际合作，改造泰国北部8000多亩罂粟地为高产油茶林，成为全球治理罂粟的典范。

（四）浙江

1.中国林科院亚林所油茶育种与栽培研究团队

团队首席专家为姚小华。团队目前有9人，其中正高职称3人、副高职称5人、博士6人、硕士3人。团队入选国家林业和草原局第一批"林草科技创新团队"。

团队研究方向：服务国家乡村振兴、粮油安全和木本油料产业发展战略，为木本粮油产业提质增效提供技术支撑。良种选育方面，通过对收集的种质资源重要性状的深度解析，挖掘育种潜力，建立不同选育目标的育种群体，选育高产、优质、高抗、适合轻简机采栽培管理的良种，全面提升油茶、薄壳山核桃等良种质量。高效栽培方面围绕植株营养生理需求规律，开展水肥一体化、群体结构调整、机械化轻简化管理等不同经营模式研究，建立适应现代化生产的良种示范基地。

团队主要成果：建立国家良种基地5个，保存种质资源2000余份，组装首个高质量油茶基因组，育成良种60个，通过杂交创制高产无性系，并开展区域评价。传承芽苗砧育苗技术，实现种苗繁育无性系化能力提升。建立容器化种苗繁育技术，容器基质化种苗生产能力提升至5亿株。建立以良种配置为核心的丰产栽培体系，在15个省份建立示范点50个。初步建成全国油茶良种应用区划方案。团队成果"油茶高产品种选育与丰产栽培技术研究及推广"获国家科技进步奖二等奖。

2. 中国林科院亚林所油茶加工研究团队

团队首席专家为方学智。团队现有研究人员8名，其中正高职称2人、副高职称5人、博士7人、硕士1人。

团队研究方向：重点围绕油茶、山核桃等可食用林产品，开展原料采后规模化高效处理、绿色加工及高值产品研发、质量安全和标准研究，在可食用林产品安全、高值利用方面形成技术和产品创新。

团队主要成果：近年获省部级奖励5项，制订《油茶籽》《油茶籽饼、粕》《油茶皂素质量要求》等标准10项，其中国家及行业标准7项，授权发明专利26项。在权威期刊发表论文60多篇。

（五）广东

广东林科院油茶研究团队，团队首席专家为张应中。团队现有在职人员9人，聘用人员5人，在读研究生3人，其中正高职称3人、副高职称2人、博士4人。

团队研究方向：以油茶良种选育、油茶栽培与低产低效林改造、油茶加工产品检验检测及副产物高值化利用为主要方向开展研究与推广，可为油茶全产业链建设提供技术支持与服务。

团队主要成果：取得"油茶良种栽培技术推广""油茶专用叶面肥及施用技术"等研究成果9项，获广东省科学技术奖三等奖、广东省农业技术推广奖一等奖等省部级奖励7项，发表学术论文100余篇，授权专利10余件，审定省级良种5个，出版专著6部，制定标准11项。主持省级及以上项目40余项。

（六）福建

福建林科院油茶研究团队，团队首席专家为李志真。团队现有11人，其中正高职称4人、副高职称3人、博士7人、硕士3人。

团队研究方向：油茶遗传育种与高效栽培。

团队主要成果：选育审（认）定良种36个，制（修）订林业行业和省级地方标准2项，获授权专利10项、软件著作权10项，参编出版专著4部，发表论文40多篇，获福建省科技进步奖二等奖1项、梁希林业科技进步奖二等奖1项。

（七）海南

海南省农业科学院热带油茶资源培育与创新利用团队，团队首席专家为郑道君。团队成员有15人，其中正高职称4人、副高职称7人、博士4人，海南省有突出贡献的优秀专家1人、南海名家青年项目人选2人，海南省领军人才2人。

团队研究方向：以海南特色油茶等热带经济植物资源为主要研究对象，主要从事热带特色植物种质资源调查、鉴定评价、保护与创新利用等方面的研究工作。

团队主要成果：近年来主持国家自然科学基金项目3项、省部级项目10余项，出版专著1部，发表论文60余篇，选育'琼科优1号'热带油茶良种获省级认定，申报国家发明专利5项，获海南省科技进步奖一等奖1项。近年在海南油茶资源评价与起源进化及分子鉴定技术、特色品质物质鉴定评价、油茶自交不亲和分子机制解析及破解关键技术研究、油茶高油分子机理解析及种质创制与良种培育、油茶复合经营模式与油茶抗旱林关键技术等方面开展系列工作，并取得阶段性成果。

（八）湖北

湖北林业科学研究院油茶科研团队，团队首席专家为程军勇。团队拥有育种、栽培、病虫害防治、加工利用等多学科科研人员14人。

团队研究方向：自20世纪70年代开始就一直从事油茶的良种选育、规模化繁育、高产高效栽培、低产林改造等方面的研究。

团队主要成果：先后承担国家科技支撑计划课题、国家林草局重点科研项目、湖北省科技厅重点研发和自然科学基金项目等30余项，研究成果获湖北省科技进步奖二等奖4项、三等奖3项，省科技推广三等奖2项，梁希林业科技进步奖二等奖1项、三等奖1项，审定鄂油系列油茶良种10个，制定地方标准5项，授权国家发明专利3项，计算机软件著作权5项，编写专著2部。

第五节　几点启示

以培育油茶产业新质生产力为核心，通过科技赋能、生态增值、制度创新三轮驱动，助力油茶产业从传统经济作物向兼具经济效益和生态价值的战略性产业转型。

一是强化科技支撑，加大人才培养力度。优化"油茶人才"库，定向化、阶梯化培养油茶科技人才；完善油茶种质资源基因库，利用分子标记技术选育高产、抗逆新品种；推动有机认证、森林认证（FSC），突破欧盟等高端市场壁垒；应用区块链技术实现产品溯源，提升消费者信任度。

二是推进油茶全产业链升级，打造"三产融合"生态圈。通过高附加值产品开发拓展油茶籽油精深加工，研发高端食用油、药用油、化妆品原料（油茶皂素、角鲨烯），提升单品利润率。利用茶粕开发有机肥料、生物农药，实现废弃物全利用。推进生态文旅深度融合，建设油茶主题公园、康养基地。

三是强化生态价值开发，构建"绿色资产"体系。碳汇经济赋能建立油茶林碳汇核算标准，对接全国碳交易市场，将油茶林固碳能力转化为碳汇收益。

推广"碳汇+金融"的创新模式，积极开发包括碳汇质押贷款、碳保险等在内的多样化绿色金融产品。

四是完善生态补偿与利益共享机制。探索多元化的生态补偿模式，实施"政府补偿+市场交易"的双重机制，为生态保护型油茶林提供稳定的财政补贴，并鼓励企业通过碳汇交易实现额外收益。打造试点"生态银行"模式，将碎片化林地整合为可交易的生态资产包。实行农民利益长效保障，推广"企业+合作社+农户"股权合作，农民以土地、劳力入股，享受加工和销售环节分红。设立油茶产业专项风险基金，以有效应对自然灾害和市场波动带来的挑战，从而确保农民收益的可持续性和稳定性。

五是优化政策体系，构建战略协同网络。建立跨区域产业联盟，联合主产区共建油茶产业集群，统一技术标准和市场渠道，降低区域恶性竞争。推动"油茶产业带"纳入国家乡村振兴重点工程，争取专项资金倾斜。开发绿色金融政策创新，开发"油茶生态贷"，对符合生态标准的项目提供低息贷款和贴息支持。鼓励社会资本设立油茶产业绿色发展基金，支持全产业链技术创新。

第七章

油茶产业发展趋势分析

2024年，相较于《加快油茶产业发展三年行动方案（2023—2025年）》设定的目标，我国油茶产业在生产规模与发展效率上仍有较大的提升空间。当前，油茶产业发展尚处于半良种半劣种、半集约半粗放、半机械化半手工、半商品化半自用的阶段，产业自身的优势、功能与作用都还未得到充分发挥。产业高质量发展迫切需要聚焦"五良"——良地、良种、良法、良机、良制，协同发力，推动产业发展迈向新高度。

第一节　产业发展存在的主要问题

目前，我国油茶产业已在育种、生产、加工以及组织管理等方面建立起相应的技术框架，但仍存在不同程度的困难和瓶颈，这严重制约了油茶产业单产提升和扩面提效进程。在国家大力推行粮油作物大面积单产提升行动、加快油茶产业发展的背景之下，油茶科技成果在改进、应用与推广方面存在的问题越发凸显，当前推进相关任务极具紧迫性。

一、良种特性有待进一步挖掘，利用率较低

对油茶品种适应性的研究不足，从2024年油茶产业的发展现状来看，部分早期选育的油茶良种在进入盛果期后面临诸多挑战。由于选育时对一些品种的生物学特性研究不够深入，其被推广到其他气候、土壤条件差异较大的地区后，出现生长不良、产量低下的情况。在一些土壤肥力较低、保水性差的区域，部分良种油茶，表现为植株矮小，挂果量稀少。这反映出在品种选育阶段，对不同生态环境下品种适应性的研究不够全面，缺乏长期、广泛的多点试验，未能充分掌握品种在复杂环境中的生长规律。

在油茶苗木繁育中，苗木在生长初期的鉴别难度较大，目前主要基于苗木外观特征进行粗略识别，分子鉴别技术在实际生产中未得到广泛应用。当前主

推品种中缺少适宜机械化的油茶良种,且在良种培育过程中,宜机械化特性也很少被纳入良种选育的考察范畴,由此造成适宜机械化作业的品种培育工作明显滞后,难以满足产业发展需求。油茶品种在基层的推广应用程度相对有限,即便地方政府积极开展油茶种植培训,但由于油茶林基础设施不完善、油茶生产人员对种植技术掌握不够扎实,以及风险规避意识过强等因素,油茶生产者对新品种的接纳与采用度不高,进而引发"良种难用"的困境。

二、油茶生产效率不高,加工能力偏弱

提升油茶产业发展效率的关键在于对生产和加工环节进行科技赋能。自2018年以来,油茶产业的种植面积、产量以及产值均呈现快速增长态势,然而,其生产要素利用方式却仍然比较粗放,主要表现为低产油茶林改造利用不充分、机械化水平不高以及加工技术落后。油茶低产林改造是推动国家油茶产业提质增效的重要举措。当前,全国现存油茶林中超50%属于低产林,油茶亩产不足10千克,部分老油茶林改造难度较大。在油茶林更新换种过程中,面临着花期不同、授粉效率低等难题,加之试验数据积累耗时较长,低产林改造项目实施进度缓慢。同时,老油茶林的灌溉、电力、道路等配套基础设施不完善,油茶林管护水平普遍较低,总体上处于"人种天养"的粗放管理状态,产量易受到极端天气的干扰,高产稳产能力差。

丘陵地区小型机械应用不足,仍然是制约油茶产业规模化发展的重要因素。油茶生产作为典型的劳动密集型产业,在扣除人工成本后,其利润空间被进一步压缩,伴随农村人口老龄化趋势加剧以及大量劳动力外流,油茶产业对机械化生产的需求正日益凸显。然而,当前油茶机械化生产的普及程度依然偏低。油茶主要生长于低山丘陵地带,受地形限制,小机械作业空间和行驶路线受到影响,在一些陡峭或狭窄的区域,无法有效开展机械化作业,只能依赖人工劳作。在以丘陵地形为主的种植区域,约90%的油茶采摘工作仍依靠人力来完成。现阶段,尽管部分地区在油茶农机装备研发方面取得一定成果,但其中大多为小型手持设备,这类装备在实际作业时效率低下,难以满足油茶规模化

生产的现实需要。同时，机械购置与使用需要投入资金，且离不开专业技术人员的操作指导与维护，这进一步增加了油茶生产成本，加大了生产管理难度。油茶机械与农艺之间的矛盾，是机械研发过程中亟待克服的技术难题。我国油茶种植形式多样，多数油茶的种植行距、株距以及坡度不适合传统机械作业，采收设备难以满足差异化的油茶生产条件。同时，油茶花果同期的生长特性成为机械大面积应用的限制因素，机械化作业由于难以做到精细化控制，应用过程中容易导致油茶花果损伤和掉落。

油茶加工技术是提升茶油品质的关键，但目前油茶加工存在工艺落后、设备陈旧以及精深加工技术薄弱等问题。油茶生产主体仍大量采用传统加工工艺，如高温压榨、土法榨油等，这些方式极易破坏茶油中的营养成分，甚至可能产生有害物质，进而破坏了茶油的品质和口感。许多企业的加工设备老化，自动化程度低，比如压榨设备压力不稳定，出油率偏低，且在压榨过程中容易造成油脂污染，过滤设备精度不足，导致杂质去除不彻底。油茶精深加工技术也尚未成熟完善。当前油茶精深加工的产品种类相对较少，主要集中在茶油和少量的油茶皂素产品上，而对于黄酮类、多酚类等产品的开发利用程度较低。油茶加工过程中产生的油茶壳可用于制备活性炭、木糖醇等，油茶饼粕可用于生产蛋白饲料、生物肥料等，但相关的综合利用技术还不够成熟，产业化程度较低。

三、油茶产业组织化程度不高，产业链延伸融合不够

产业组织化是推动油茶规模化发展的关键路径，当下油茶生产主体呈现出"小而散"的特征。具体而言，油茶生产主体以小农户为主，大多数企业规模较小，致使生产与加工模式粗放，油茶行业的整体发展水平不高。根据《中国林业和草原统计年鉴（2023）》，2023年，油茶产业自主经营的小农户238.63万户、家庭农场2.28万个、专业合作社1.11万个、种植企业0.39万个，这反映出油茶生产仍以农户分散经营为主，规模化生产企业、合作社等新型经营主体数量偏少，这种分散经营格局导致农户在诸多关键环节陷入困境。在市场信息获取方

面，由于缺乏有效的信息收集渠道与整合能力，油茶生产主体往往难以及时、精准地捕捉市场动态，较难把握茶油产品的供需趋势与价格走势。在技术应用层面，受限于自身知识储备与资金实力，油茶生产者无力引进先进生产技术和装备，难以实现精细化、高效化生产。在产品销售方面，缺乏稳定的销售渠道与品牌支撑，只能被动接受市场价格，茶油产品在市场竞争中处于弱势地位，最终难以形成规模效应，市场竞争力也无从谈起。

油茶企业和行业协会的带动作用比较有限。在油茶产业主体中，龙头企业的数量较少，与小规模油茶生产主体之间缺乏有效的联结机制，难以对整个产业起到引领和带动作用。油茶协会专业工作人员较少，组织协调能力不足，在信息沟通、技术培训、行业自律等方面未能切实履行职责。同时，协会也未能推动构建油茶的行业标准和规范，对会员企业及农户的生产经营指导活动较少。油茶产业的组织化程度不高，部分油茶种植大省积极探索并初步形成"公司+基地+农户"等经营模式，但在运行过程中，经营主体之间整合机制不充分、产业融合深度不够，管理人才欠缺，协同发展所需的运行机制和稳定利益联结机制尚未形成，导致农户参与产业组织的积极性不高。油茶社会化服务体系不够完善，生产服务队伍较少，专业的技术人员、管理人员以及市场营销人员有限。针对油茶的生产服务类别不足，现有的社会化服务大多集中在种植环节的一些基础服务上，如种苗供应、简单的病虫害防治等，而在油茶的深加工、品牌营销以及市场信息咨询等方面的服务供给不足，良种、机械化等核心生产要素较难广泛覆盖广大油茶生产主体。

油茶产业链在延伸融合方面存在的问题表现为产业间衔接不紧密，尚未有效打通"接二连三"的产业发展路径。油茶种植户与加工企业之间缺乏有效的利益联结机制，合作关系不稳定，种植户更关注油茶籽的产量而对茶油品质有所忽视，导致加工企业难以获得持续、稳定的优质原料供应。同时，加工企业对种植环节的指导和支持不足，未能形成从种植到加工的一体化协同发展模式。油茶产业同旅游、文化等其他产业的融合深度不够，部分油茶产区具备发展乡村旅游的优势与潜力，但因缺乏旅游产业发展规划，加之交通、住宿、餐饮等配套设施建设不完善，导致其难以吸引到游客。对油茶产业文化的挖掘与宣传推广工作也较为薄弱，未能将油茶蕴含的丰富历史文化、独特民俗风情融入旅游产品之中，使得旅游产品单一，缺乏吸引力。

四、茶油质量标准体系不完善，产品市场混乱

茶油品质标准的界定不明确，导致"以次充好"等市场乱象。当前，茶油行业在关键环节仍未构建起完善的质量标准体系，以茶油等级划分为例，不同企业采用的划分指标与评判方法各异，导致市场上茶油等级标识混乱，消费者难以准确判断产品的质量优劣。质量标准不完善导致茶油价格缺乏合理参照，优质茶油和劣质茶油在价格上没有明显的区分，部分商家以高价售卖品质较差的茶油，而优质茶油受到劣质品冲击，在市场竞争中处境艰难。这不仅扰乱了正常的价格秩序，而且加剧了消费者对茶油市场的信任危机，给整个行业带来负面影响。

五、油茶品牌建设滞后，油茶销售市场拓展困难

茶油品牌建设缺乏创新，目前多数油茶产区以地区名称为油茶产品冠名，并将茶油的营养价值作为主要宣传点，而对生产技艺、油茶文化在品牌塑造方面的赋能作用重视不足，油茶品牌建设的"地区特性"不突出。油茶品牌宣传推广投入不足，传播渠道比较单一，油茶企业大多为中小企业，产业发展资金有限，在品牌宣传上的投入预算较少，不足以开展大规模、多元化的宣传活动。在宣传渠道上过于依赖如电视、报纸等传统媒介，对新兴社交媒体、网络直播等渠道利用不足。缺乏有效的品牌传播规划，宣传活动零散，尚未形成系统性、连贯性的油茶品牌推广办法。油茶品牌的协作运行机制不健全，部分油茶企业专注于打造自身的企业品牌，对参与公用品牌的建设与推广缺乏足够的积极性，与公用品牌协同共进的发展模式尚未形成。同时，油茶品牌建设主体间的合作模式模糊，利益分配机制不够明晰，导致各方在品牌运作中的权利和义务不明确，容易产生矛盾和纠纷。

消费者对油茶的认知度仍处于较低水平，较大程度上阻碍了油茶销售市场的拓展。据统计，茶油在我国植物食用油市场中所占比重不足2%，相较于菜籽油、花生油等大宗食用油，其消费规模存在明显的差距。江西省2023年茶油产量约17万吨，而同年菜籽油产量高达34.52万吨，江西人均茶油消费量仅为3.78千克，而菜籽油人均消费量达到7.67千克，这反映出即便在油茶主产区，消费者对油茶的认知和接受程度仍然有限。同时，消费者对油茶的认知状况还存在比较明显的南北差异，南方消费者对茶油有一定认知，而长江以北的消费者以食用大豆油、花生油为主，油茶产业在面向全国拓展市场时存在一定障碍。

第二节　主要原因分析

油茶产业面临上述问题的主要根源在于科技和市场的驱动力不足，具体表现为科技投入不足、政府支持不充分、市场机制不健全，这三方面因素导致油茶产业陷入低产低效的困境。

一、科技投入不足

油茶产业在育种、机械化及市场拓展方面存在诸多短板，这些问题虽可通过加大科研投入得到缓解，但当前油茶产业科研投入水平有限、科研运行体系不够完善，难以有效支撑油茶科技创新。科研投入不足主要表现为资金支持有限和专业人才稀缺两方面。与大宗植物食用油料产业相比，油茶产业获得的科研投入相对较少，导致其在新品种选育、机械化生产、加工工艺改进等方面的进展受到限制，一些关键技术难题难以有效解决。从事油茶生产经营的专业技术人才不足，从科研人员到一线的技术推广人员和熟练工人均较为短缺，缺乏专业人才开展技术研发和推广，导致产业整体技术水平提升缓慢。不仅如此，油茶产业的人才培养体系和培训手段不够健全，目前尚未建立完善的油茶生产技能职业等级认证机制，导致人才评价缺乏统一标准，难以满足油茶产业日益增长的人才需求。

油茶产业科技创新过程中缺乏有效的科研体制机制，产学研之间协作不够紧密、转化机制不完善导致油茶科技成果难以落地、见效慢。高校、科研机构与企业三大创新主体间的合作不够紧密，存在信息沟通不畅、利益分配不合理等问题，导致科技研发与产业实际需求偏离。科研机构产出成果无法契合企业当前的生产经营需要，而企业在技术创新方面的主体作用也没有得到充分发挥，难以形成产学研协同创新的良好局面。油茶产业缺乏有效的科技成果工程化试孵化基地，很多科研成果难以从实验室走向产业化生产，无法及时转化为实际生产力。同时，针对科研成果转化的激励措施不完善，科研人员和企业参与成果转化的积极性不高。

二、用地政策不够灵活

各级政府高度重视油茶新增种植面积与低产林改造工作，但目前土地利用政策不够灵活，可供油茶产业使用的集中连片且条件良好的土地资源较少，难以充分支撑油茶产业提质增效需求。油茶产业发展的林地资源有限，在国家耕地保护、天然林保护的政策规定下，油茶种植只能在林地上进行，但如今许多地方可用于种植油茶的荒山荒坡较少，导致油茶种植扩面空间有限且难度较大。在林地面积总体稳定的情况下，林地流转机制与配套服务体系不完善，部分地区林地流转程序不规范，未严格遵循法定流程操作，存在未签订书面合同、合同条款不明确等问题，不利于稳定扩大油茶种植规模。林地流转价格缺乏科学合理的评估依据，部分地区未综合考量林地的立地条件、林种、林木蓄积量等关键因素，导致流转价格与实际价值偏离。同时，林地流转信息流通不畅，缺乏林地流转信息平台，不利于实现林地经营权有序流转。用地政策不够灵活，制约了油茶产业规模化发展。

三、金融政策存在限制

油茶种植具有投资规模大、生产周期长以及生产成本偏高的特点，导致油茶经营主体面临产业发展资金短缺、融资困难等问题,在生产管理过程中难以有效运用新技术与新方法。当前,关于油茶产业的金融政策存在诸多限制,缺乏与油茶特性相匹配的信贷产品。油茶种植前期投入大、油茶生长周期长,然而现有商业信贷产品一般期限较短,与油茶产业周期相适配的金融工具较少,大多存在产品期限不匹配、贷款规模有限、附加条件严格等障碍。油茶生产以小农户和小作坊为主,此类经营主体抵押担保资产薄弱,难以满足信贷基本条件,较难成为合格承贷对象。即便是油茶生产加工企业,也面临生产成本较高、开工时间较短、原材料不足等困难,企业经营生产效率相对较低,难以获得足够的信贷资金扶持。贷款风险保障机制不健全,种植油茶的农户普遍缺乏连贯、有效的信用记录,信用意识淡薄,且失信惩罚机制缺失。同时,面向油茶产业的风险财政补贴机制也不完善,很大程度上影响了金融机构投身油茶产业发展的积极性,导致油茶产业的金融"供血"不足。

四、补贴政策力度不足

补贴政策对激发油茶从业主体的生产积极性起到关键作用,然而当前油茶补贴政策在标准设定、覆盖范围等方面存在短板,严重制约油茶产业的整体发展水平。油茶补贴标准较低,很多产区新造油茶林中央财政资金补贴约为1000元/亩,而实际投入成本基本在2000~3000元/亩,使得农户无力承担后期管护费用,进而导致大片油茶林陷入"人种天养"的粗放管理模式,油茶品质与产量难以得到保障。部分地区的油茶产业补贴资金未及时兑现,补助资金存在较大缺口,配套资金难以落实到位。油茶补贴范围存在局限,当前政策补贴主要集中于大规模油茶生产主体,种植规模较小、非主产区的油茶生产主体难以享受到补贴政策红利。同时,在油茶种植日常精细化管理、病虫害防治以及小型机械购置投入等关键环节,政府给予的政策补贴较少。

五、市场机制不健全

市场机制对茶油产品的价格走势以及其流通、消费状况具有较大程度的影响。然而，当前存在市场价格传导机制不畅、流通渠道不充分、行业组织引导作用有限等问题，这些因素共同导致油茶产品市场有效需求不足。茶油产品的价格传导机制不畅，油茶产业链中原料价格、加工产品价格和终端销售价格之间的传导过程未能形成有效联动，农民作为原料生产者，难以分享到加工和销售环节的利润增长，进而影响到其油茶种植积极性。茶油产品的物流体系不完善，油茶主产区多位于山区，交通基础设施薄弱，先天的地理劣势使得物流成本居高不下。与此同时，缺乏专业的冷链物流和仓储设施，茶油产品在运输和储存过程中容易受到损耗，影响到产品质量和销售价格。茶油产品销售渠道比较单一，目前茶油的销售主要依赖于传统的线下渠道，如农贸市场、批发商等，电商等新兴销售渠道虽有一定发展，但在整体销售份额中占比偏小，限制了茶油产品的市场渗透与拓展。油茶行业协会等社会组织力量薄弱，在规范行业秩序、制定行业标准、提供信息服务等方面发挥的作用不够充分，部分行业协会缺乏凝聚力和影响力，无法有效组织企业进行技术交流、市场拓展和品牌建设等活动。

第三节　主要对策建议

当前及未来一段时期，提质增效已然成为油茶产业发展的核心目标与关键任务。然而，现阶段油茶产业陷入多维度的低产低效困境，建议基于整体性视角思考油茶产业的发展对策，本部分将围绕改造良地、推广良种、研发良机、利用良法、借助良制五大视角，聚焦其中的重点问题，提出对策建议。

一、改造良地：高质量完成油茶低产林改造

低产油茶林改造是一项系统工程，不仅要考虑土地肥力，还要关注苗木生长情况。改造良地要做好低产油茶林的规划评估，改良油茶林的土壤和苗木，加强树体修剪和病虫害防治三方面的工作。做好油茶低产林的科学规划与评

估,积极组织专业的林业技术团队深入油茶低产林区域,展开全面且细致的勘查行动,综合考虑林地的土壤肥力高低、林分密度大小、品种固有特性、病虫害发生状况等多方面因素,进行分类分级评估。依据评估结果,因地制宜地制定详细的低产林改造方案,明确短期与长期改造目标。

推进低产油茶林的品种和土壤改良工作。面对当前油茶林中普遍存在的品种混杂、老化现象,以及由此导致的低产困境,亟须选择适配本地气候与土壤条件的高产、优质且抗病虫害能力强的油茶新品种,逐步淘汰劣质品种。对于树体健壮但品种欠佳的苗木,采用高接换冠技术,将优良接穗嫁接到原有枝干上,同时研究试验油茶苗木的有效配置结构,同步实现品种更新和品种配置优化,从而提升油茶林的整体遗传品质。定期组织开展林地垦复作业,在垦复过程中,注重增施有机肥、生物菌肥,借助这些肥料中的有益菌群与丰富养分,逐步改善土壤结构,增强土壤的保水保肥性能,为油茶生长创造良好根际环境。依据油茶生长节点,精准施用肥料,科学调配氮、磷、钾等各类养分的供给比例,确保土壤养分供应处于均衡状态。

加强树体修剪和病虫害防治。依据油茶的生长习性,于冬季采果后开展合理修剪工作,剪掉枯枝、病枝以及过密枝,培育内膛通风、树冠开阔的树形,提升光能利用率,推动花芽分化与果实发育。构建病虫害动态监测体系,以生物防治为核心,正确掌握药剂配置方法和药物使用方法,探索生态调控、理化诱控、生物防治和科学用药等措施,有序开展油茶病虫害的绿色防控,保障油茶林生态系统健康稳定。

二、推广良种:合力推动油茶良种培育与推广

针对油茶产业存在的"良种不良""良种不用"问题,亟须整合多方力量,聚焦加强良种选育、完善推广体系以及强化技术保障三方面内容,打通良种从选育到应用落地的壁垒。加强良种选育与储备,加大科研投入,鼓励科研机构与高校合作开展油茶良种选育工作。利用现代生物技术,挖掘具有高产、优质、抗逆性强等特性的油茶新品种。建立良种资源库,对选育出的优良品种进

行系统保存、监测与评估，确保良种供应的持续性。设立专项奖励基金，对在油茶良种选育领域取得突出成果的团队和个人给予表彰，激发科研人员的创新积极性。

完善良种推广体系。探索构建"政府+基地+企业+农户"的良种推广体系，充分发挥政府的主导引领作用，通过出台一系列优惠政策，如良种补贴、税收减免等，吸引并引导企业参与良种推广工作。企业与产业基地作为核心实施主体，承担良种苗木的繁育、规模化生产以及市场销售等关键任务，同时为农户提供全方位的技术支持。农户直接参与种植环节，通过示范基地参观学习、现场培训等方式掌握先进种植技术。另外，借助互联网、新媒体等前沿传播平台，广泛宣传油茶良种的优势与效益，提高公众对油茶良种的认知水平。定期举办油茶良种展销会、推介活动，搭建供需对接的交流平台，促进油茶良种的流通与应用。

强化良种种植技术保障。组建专业技术团队，编写通俗易懂的《油茶良种种植技术手册》，内容涵盖整地、施肥、灌溉、修剪、病虫害防治等全流程操作指南，为油茶种植户提供生产的"明白纸"。改善油茶良种技术培训效果，结合油茶生产主体实际需求，适当增加技术培训场次。采用线上线下相结合的培训模式，拓宽油茶技术培训渠道，为农户提供线下的田间技术指导，推送优质的线上技术培训资源。积极与科研院校建立稳定、跟踪式的技术指导模式，借助油茶科技小院、博士服务团等平台载体，针对采用油茶良种种植的区域，逐一建立档案，跟踪记录生长情况、产量数据等关键信息，及时发现问题并提供解决方案，从而提高油茶良种的技术到位率。

三、研发良机：攻关研发油茶生产和加工机械

生产和加工环节是决定油茶产量与效益的关键阶段。生产机械应用的目的在于节省劳动力、提高生产效率，而加工机械的使用则侧重增加出油率、提升茶油品质。为此，应积极借助新技术，针对油茶采摘机械、油茶籽干燥设备以及油茶榨油机械等重点领域，开展科研攻关，强化机械标准制定与质量监测

工作，全面推动油茶产业的机械化应用。

组建跨领域机械研发团队。深入油茶产区，与种植户、林业企业及基层林业站等沟通，梳理出从油茶生产到加工的全流程机械需求。组建由机械工程师、农业专家、林业技术人员组成的跨领域研发团队，保障机械设计既符合工程学原理，又贴合油茶农艺特性和加工要求。

开展油茶采摘机械研发。结合不同地区油茶的生长性状、种植形式，将油茶农艺特征纳入采摘机械的参数设定之中，研发通用性与适应性俱佳的采摘机械。推动采摘机械智能化研究应用，基于机器视觉技术，精准识别油茶果成熟度、位置与大小，结合多自由度机械臂灵活采摘，提高采摘效率与果实完整性，降低人工采摘成本与劳动强度。改良现有振动式采摘设备，优化振动频率、振幅等参数，使其既能高效抖落油茶果，又不对树枝树干造成过度损伤，同步研发配套的果实收集系统，保障采摘后的果实能够快速、有序地完成归集。

开展油茶籽干燥机械研发工作。开发基于太阳能与热泵技术相结合的节能环保型干燥设备，实现全天候稳定干燥。通过智能控制系统，精准调控干燥温度、湿度与风速，保证油茶籽干燥均匀、品质优良，减少因干燥不当导致的出油率降低问题。研究真空低温干燥技术在油茶籽干燥环节的应用，降低干燥过程中热敏性营养成分的损失，为后续加工提供高品质原料。开展油茶榨油机械研发。攻关高效冷榨技术与设备，增强榨油过程中的压力分布均匀性，提高出油率。优化冷却系统，确保榨出的茶油能在低温环境下快速冷却，最大程度保留茶油所含的营养成分与天然风味。研发智能化榨油生产线，实现从进料、榨油、过滤到精炼全流程自动化监控与管理，通过传感器实时采集各环节数据，如温度、压力、流量等，保障产品质量稳定，降低人工操作失误风险。

构建油茶机械行业标准和质量检测体系。由行业协会协同标准化技术委员会，联合业内龙头企业，依据油茶生产加工工艺要求以及机械性能特点，共同制定涵盖油茶机械生产、安装、调试、使用、维护全流程的行业标准，明确设备规格、技术参数、安全操作规程等内容，为各类油茶机械的研发、制造提供依据。建立油茶机械质量检测体系，依托国家级、省级质检中心，设立油茶机械专业检测实验室，引入先进的检测设备，组建专业技术团队，对市场上的油茶机械产品进行定期抽检与质量认证，检测项目包括机械性能、稳定性、安全性、环保性以及对油茶原料和产品质量的影响等多个方面，确保投放市场的机械产品质量可靠。

四、利用良法：聚焦品质提升与品牌打造

良好的油茶品质是品牌打造的前提，需通过精细化的经营管理模式，提升茶油品质。油茶品牌打造有助于提升茶油产品的附加值，应基于品牌的内涵和外延进行品牌建设。

精细化管理促进油茶品质提升。推广油茶标准化种植，依据油茶生长特性，制定涵盖整地、施肥、灌溉、修剪、病虫害防治等全流程的地方种植标准操作规程，积极引导种植户严格按照标准开展各项种植工作，确保油茶果实品质稳定且优良。

开展油茶林精细化管理工作，推广测土配方施肥技术，根据土壤养分检测结果精准补充氮、磷、钾及微量元素，避免因养分失衡导致的油质下降问题。加强油茶花期与果期管理，通过人工辅助授粉、疏花疏果等措施，提高果实饱满度与含油率。引入智能化监测设备，实时掌控林地温湿度、光照等环境数据，以便及时调整管理策略，为油茶提供更优的生长环境。

全方位打造油茶品牌。明确油茶品牌定位，深度挖掘各产区油茶的特色亮点，如独特风味、营养成分、生态种植优势等，结合地域文化，明确品牌核心价值与定位，塑造差异化品牌形象，避免同质化竞争。设计富有地域特色与文化内涵的包装，融入当地风土人情、历史典故等元素，提升产品辨识度与文化附加值，采用环保、高品质包装材料，展现品牌的绿色理念与品质追求。构建协同发展的品牌生态体系，明确油茶区域品牌的战略定位，研究油茶区域品牌与企业品牌的协同发展机制，促进形成相互支持的品牌发展格局。加强品牌宣传推广，搭建官方电商平台、社交媒体账号，分享油茶知识、种植故事、产品评测

等,吸引粉丝关注互动。举办油茶文化节等宣传推广活动,邀请专家、媒体、消费者参与,促进不同地域品牌的交流与互动,扩大油茶品牌的市场影响力与社会知名度。

五、借助良制:依托政策促进油茶产业规模化发展

油茶产业的技术进步与市场拓展离不开政府的有力支持。应从构建政策扶持体系入手,在土地、金融及组织化方面发力,为油茶产业持续发展注入活力。

制定油茶产业发展规划。《加快油茶产业发展三年行动方案(2023—2025年)》对油茶产业的发展起到了巨大的促进作用。但仍需对产业发展中的产品拓展、品牌建设、市场规范、生产组织形式、油茶"双碳"等内容进行指导规划。因此,需要总结发展经验,分析存在的问题,做好顶层设计,更好地促进新形势下油茶产业的发展。

构建油茶产业政策扶持体系。通过财政补贴和税收优惠倾斜等方式,激发经营主体规模化生产的积极性。政府应加大对油茶产业的财政投入,设立专项补贴资金,对新种植油茶的农户和企业,按种植面积发放种苗费、整地费等补贴,减少前期资金负担。针对低产林改造项目,依据改造程度与成效给予相应资金支持,调动经营主体改造积极性。税务部门制定完善的面向油茶产业的税收减免政策,对从事油茶种植、加工、销售的企业,在增值税、所得税等方面给予一定期限的减免待遇,缓解企业资金压力,鼓励其扩大生产规模,延伸产业链。

规范油茶林地流转程序。深化林地制度改革,制定可行的林地流转制度,明确林地的所有权、承包权、经营权界限与流转规则,同时配套并完善相应的流转规则,确保林地流转有序开展。在此基础上,积极鼓励各地结合自身实际,探索林业股份合作社等创新型产权改革模式,充分发挥产权制度改革激发活力、整合资源的优势,吸引更多社会力量参与油茶产业,提高林地利用效率。探索建立专门的林地流转服务中心,为农户和企业提供合同签订、法律咨

询、价格评估等一站式服务，确保林地流转顺畅且合法合规。

促进油茶产业金融发展。鼓励金融机构开发专门针对油茶产业的信贷产品，根据油茶生长周期，设定灵活的还款期限，同时将生产主体的贷款额度与油茶林资产评估挂钩，确保经营主体有足够资金用于扩大种植面积、购置机械设备、开展技术研发等。构建风险补偿机制，由政府与金融机构联合建立油茶产业专项贷款风险补偿基金，对因自然灾害、市场波动等不可抗力因素导致贷款违约的部分，按一定比例给予补偿，逐步打消金融机构的顾虑，激发其放贷积极性。推广油茶保险产品，探索设计种植保险、产量保险等多元险种，综合考虑油茶面积、产区环境、市场价格等因素，合理确定缴费金额和赔付标准。此外，依据油茶产业的特性和风险状况，研发多样化的再保险产品，切实增强油茶经营主体抵御自然灾害和意外风险的能力。

附录

2024年油茶产业发展大事记

一、相关政策

（一）国家政策

1. 中共中央、国务院《关于学习运用"千村示范、万村整治"工程经验有力有效推进乡村全面振兴的意见》

2. 国家林业和草原局、国家发展改革委、国家统计局关于印发《生态产品目录（2024年版）》的通知

3. 国务院办公厅《关于践行大食物观构建多元化食物供给体系的意见》

（二）地方政策

1. 湖南

（1）《湖南省林业局关于印发〈湖南省油茶种苗质量管理办法〉的通知》

（2）《永州市人民政府办公室关于印发〈永州市推进油茶产业高质量发展十条措施〉的通知》

2. 广西

（1）《广西壮族自治区林业局关于印发2024年全区加快油茶产业发展实施方案的通知》

（2）《广西壮族自治区林业局办公室关于印发油茶丰产栽培技术和油茶低产林改造技术简明方案（第二版）的通知》

（3）《广西壮族自治区林业局关于印发"油茶+N"复合经营技术指南（修订）的通知》

3. 浙江

衢州市农业农村局、衢州市林业局《关于印发2024年衢州市"双柚"、油茶、茶叶"三大百亿产业"财政激励政策的通知》

二、领导关怀

1. 第十四届全国政协委员、中国乡村发展志愿服务促进会会长刘永富率队赴江西省调研油茶产业

刘永富会长在江西省调研油茶产业

2024年9月11日至14日，第十四届全国政协委员，原国务院扶贫办党组书记、主任，中国乡村发展志愿服务促进会会长刘永富率队赴江西省调研油茶产业。调研会议指出，一是肯定成绩，继续发挥优势，认真总结完善，坚定发展信心。二是创新体制机制，推广新技术、新工艺，解决发展中的困难和问题。要明确定位和目标，把保障国家食用油安全放在首位。要推进油茶产业全产业链发展，坚持一产小、二产大、三产好的思路，大力发展油茶精深加工，优化加工工艺，推进技术革新，在提高产能、降低成本、提升效益等方面下功夫，不断促进油茶产业全产业链发展、全资源化利用，推动油茶产业转型升级、提质增效，建立联农带农益农机制。三是凝心聚力、同心协力，共同推进油茶产业高质量发展。要充分发挥地理优势和政策优势，摸清资源底数，加大优良油茶品种选育和示范基地建设工作，真正起到示范带动作用。

2. 时任国家林业和草原局局长关志鸥出席全国油茶产业发展现场会

2024年11月18日，全国油茶产业发展现场会在湖北省随州市举行。时任国

家林业和草原局局长关志鸥出席会议并讲话，他指出：要深入贯彻落实习近平总书记关于油茶产业发展的重要指示精神和党中央、国务院的决策部署，扛起推进油茶产业高质量发展的政治责任，保持油茶产业发展信心和战略定力。要聚焦产能、质量、用地、资金、市场等重点问题，完善制度机制，创新政策供给，加大工作力度，实现"经济发展、农民增收、生态良好"目标。

时任国家林业和草原局局长关志鸥出席全国油茶产业发展现场会

3. 江西省委书记尹弘在宜春专题调研油茶产业发展

2024年8月13日，江西省委书记尹弘赴宜春专题调研油茶产业发展。他在调研中强调，要深入贯彻习近平总书记考察江西重要讲话和关于油茶产业发展重要指示精神，结合深化集体林权制度改革先行区建设，充分发挥油茶资源优势，强化科技支撑，延长产业链条，加快推动江西省油茶产业高质量发展。

江西省委书记尹弘在宜春专题调研油茶产业

4.广西壮族自治区党委常委、自治区副主席许永锞出席2024年全区油茶产业发展现场会暨"一集中三攻坚"行动部署会

2024年3月1日，广西壮族自治区油茶产业发展现场会暨"一集中三攻坚"行动部署会在平果市召开。会议强调，要按照国家和自治区的部署要求，切实增强发展油茶产业和加强林草湿地资源保护管理的责任感，以林业生态高水平保护助推林业产业发展壮大。要大力推广良种、良法、良技，提高油茶产量，做强龙头、打响品牌、做优产业，延长产业链条，推动油茶一二三产业融合发展。要探索创新多元合作经营模式，建立利益互惠共同体，推动油茶果逐步成为农民的致富果。

5.广西壮族自治区政协副主席、九三学社广西区委会主委彭健铭视察油茶精深加工基地

2024年8月22日，广西壮族自治区政协副主席、九三学社广西区委会主委彭健铭率自治区政协委员视察团到桂之坊油茶精深加工基地，围绕"打造精深加工基地，推进油茶特色产业高质量发展"进行专题调研。视察团实地调研桂之坊透明化生产车间、企业技术中心及产品展示厅，详细了解公司经营管理、科技创新、副产品综合利用及产业带动等情况，对公司连续4年实现盈利表示高度赞赏，充分肯定公司在油茶精深加工以及全产业链创新发展方面取得的成效。

6.江西省副省长万广明出席2024首届油茶产业创新发展大会

2024年12月9日，2024首届油茶产业创新发展大会暨油茶联合服务万里行活动在江西省吉安市永丰县举行。会议指出，江西省上下坚持油茶全产业链发展理念，从油茶种植、加工、营销三端发力，大力实施油茶重点项目建设，加强油茶招商引资，强化油茶科技创新，积极打造"江西山茶油"公用品牌，不断拓展油茶线上线下销售渠道。

7.湖北省政协副主席王红玲对油茶产业发展作出批示

湖北省林科院程军勇研究员撰写的《关于加快湖北省油茶产业高质量发展的建议》，2024年12月获湖北省政协副主席王红玲肯定性批示，认为该报告具有重要的现实意义，建议有关部门高度重视，认真研究，积极采纳，为全省油茶产业扩面、提质、增效提供决策咨询。

三、重要研究项目

序号	立项单位	项目类别	项目名称	实施期限	项目负责人	承担单位	参与单位
1	湖南省科技厅	湖南省十大技术攻关	高品质油茶新品种选育与超临界萃取加工关键技术	2024.1—2026.12	陈永忠	湖南省林业科学院	中南林业科技大学、南京林业大学、湖南和广生物科技有限公司、湖南新金浩茶油股份有限公司
2	江西省科学技术厅	江西省自然科学基金	油茶果实开裂生理特性和分子机理研究	2024.6—2027.5	晏巢	中国林科院亚林中心	/
3	江西省科学技术厅	江西省自然科学基金	油茶线粒体基因组装流程开发及mtDNA标记挖掘	2024.6—2027.5	渠堰壆	江西省林业科学院	/
4	江西省科学技术厅	江西省自然科学基金	基于热红外信息的油茶水分亏缺诊断与精准灌溉研究	2024.6—2027.5	刘琳奇	江西省林业科学院	/
5	江西省科学技术厅	江西省青年人才培养专项	红花油茶线粒体基因组装与比较基因组学研究	2024.6—2027.5	渠堰壆	江西省林业科学院	/
6	江西省科学技术厅	江西省青年人才培养专项	采用多组学方法进行浙江红花油茶产量性状关键基因挖掘以及分子标记开发	2024.6—2027.5	彭奕萱	江西省林业科学院	/
7	江西省科学技术厅	江西省青年人才培养专项	基于高光谱信息的油茶水分胁迫程度监测技术研究	2024.6—2027.5	刘琳奇	江西省林业科学院	/
8	江西省科学技术厅	江西省自然科学基金	油茶耐旱砧木种质资源鉴定及其耐旱机制研究	2024.6—2026.12	刘娟	江西农业大学	/

续表

序号	立项单位	项目类别	项目名称	实施期限	项目负责人	承担单位	参与单位
9	湖北省科技厅	湖北省自然科学基金项目	基于高通量测序的油茶高油酸性状基因挖掘	2024.3—2027.2	程计华	湖北省林业科学研究院	/
10	广西壮族自治区科技厅	广西重点研发计划	香花油茶"义"系列新品种工厂化育苗中试示范	2024.5—2027.4	叶航	广西壮族自治区林业科学研究院	广西壮族自治区国有维都林场、广西益元油茶产业发展有限公司
11	广西壮族自治区科技厅	广西自然科学基金项目	油茶复合经营系统叶片—凋落物—土壤生态化学计量特征及其对N、P添加的响应	2024.5—2027.4	蓝金宣	广西壮族自治区林业科学研究院	广西壮族自治区国有钦廉林场
12	广西壮族自治区科技厅	广西科技重大专项	油茶复合经营技术研究与应用示范	2024.12—2028.11	夏莹莹	广西壮族自治区林业科学研究院	广西壮族自治区国有钦廉林场、中南林业科技大学
13	广西壮族自治区科技厅	广西科技重大专项	油茶宜机收品种筛选及采收技术装备研发与应用	2024.12—2028.11	王东雪	广西壮族自治区林业科学研究院	广西科技大学、广西林业集团国储林建设投资有限公司、广西壮族自治区国有三门江林场

四、重要产业发展项目

序号	立项单位	项目类别	项目名称	实施期限	项目负责人	承担单位	参与单位
1	湖南省林业局	湖南省油茶产业科研示范项目	"湘林"油茶主推品种增产增效关键技术	2024.9—2025.9	张震	湖南省林业科学院	/
2	湖南省林业局	湖南省油茶产业科研示范项目	油茶粕蛋白和糖萜素的提取技术研究与应用	2024.9—2025.9	马力	湖南省林业科学院	/

序号	立项单位	项目类别	项目名称	实施期限	项目负责人	承担单位	参与单位
3	湖南省林业局	湖南省科研项目	油茶采穗圃提质改造	2024.9—2025.9	陈永忠	湖南省林业科学院	/
4	湖南省林业局	湖南省科研项目	2024实验林场国家油茶种质资源库良种繁育补助	2024.1—2024.12	陈永忠	湖南省林业科学院	/
5	江西省科学技术厅	江西省重点研发项目	江西特色农产品数控干燥关键技术研究与智能装备研制	2024.01—2026.12	李涛	江西农业大学	/
6	江西省科学技术厅	江西省重点研发项目	原香高品质茶油关键技术研发及产业化	2024.1—2026.12	李静	南昌大学	/
7	江西省科学技术厅	江西省重点研发项目	良种油茶提质增效关键技术研究	2024.1—2026.12	王玉娟	江西省林业科学院	/
8	江西省科学技术厅	江西省重点研发项目	油茶衍生物利用—油茶加工副产物高值化利用关键技术研发	2024.1—2026.12	陈尚钘	江西农业大学	/
9	中国林科院	中央级公益性科研院所基本科研业务费专项资金	解磷细菌和AMF对油茶促生特性和效应研究	2024.12—2027.11	江盈	中国林科院亚林中心	/
10	湖北省林业局	湖北省林业科技支撑重点项目	油茶全链条提质增效技术集成与示范	2024.3—2026.12	程军勇	湖北省林业科学研究院	华中农业大学、黄冈师范学院
11	湖北省林业局	湖北省林业科技支撑一般项目	DNA甲基化对油茶早熟性状的遗传调控研究	2024.3—2026.12	程计华	湖北省林业科学研究院	/
12	湖北省林业局	湖北省林业科技支撑一般项目	干旱条件下提高油茶造林成活率技术	2024.3—2026.12	杜洋文	湖北省林业科学研究院	/
13	湖北省林业局	湖北省林业科技支撑一般项目	油茶蜂花粉生产工艺的质量控制与提升	2024.3—2026.12	夏剑萍	湖北省林业科学研究院	

序号	立项单位	项目类别	项目名称	实施期限	项目负责人	承担单位	参与单位
14	广西壮族自治区林业局	中央财政林业科技推广示范项目	桂东地区香花油茶高效栽培技术示范推广	2024.9—2026.12	郝丙青	广西壮族自治区林业科学研究院	/
15	广西壮族自治区林业局	中央财政林业科技推广示范项目	油茶新型多功能肥料应用技术推广示范	2024.9—2026.12	时德瑞	桂林市林科所	广西壮族自治区林业科学研究院
16	广西壮族自治区林业局	中央财政林业科技推广示范项目	武宣县香花油茶高效栽培技术推广示范	2024.9—2026.12	廖国庆	武宣县林业局林业技术推广中心	广西壮族自治区林业科学研究院
17	广西壮族自治区林业局	中央财政林业科技推广示范项目	香花油茶高效栽培技术推广与示范	2024.9—2026.12	申礼凤	高峰林场	广西壮族自治区林业科学研究院
18	广西壮族自治区林业局	中央财政林业科技推广示范项目	"油茶+N"复合经营技术示范与推广	2024.9—2026.12	张挺	七坡林场	广西壮族自治区林业科学研究院
19	广西壮族自治区林业局	中央财政林业科技推广示范项目	桂南地区油茶+桉树复合经营标准化示范区建设	2024.9—2026.12	余玉珠	钦廉林场	广西壮族自治区林业科学研究院
20	广西壮族自治区林业局	中央财政林业科技推广示范项目	油茶良种培育技术示范与推广	2024.9—2026.12	马宏伦	东门林场	广西壮族自治区林业科学研究院

五、重要成果

（一）省部级以上奖励

1. 名称：香花油茶新品种选育及利用

奖励等级：2023年度广西科学技术进步奖一等奖

获奖单位：广西壮族自治区林业科学研究院；广西益元油茶产业发展有限公司；华南理工大学；百色市林业科学研究所；广西壮族自治区国有维都林场；

广西林润生物科技有限责任公司;百色市东晖农业开发有限公司;广西贺州市纯康农业发展有限公司

2. 名称：油茶丰产稳定栽培气象保障关键技术创新与应用

奖励等级：2022—2023 年度湖南省科技进步奖二等奖

获奖单位：湖南省气候中心;湖南省林业科学院;湖南省气象科学研究所

3. 名称：特色茶油及其衍生品生产和茶粕高值利用关键技术创新与应用

奖励等级：2022—2023 年度湖南省科技进步奖二等奖

获奖单位：中南林业科技大学;湖南淳湘农林科技有限公司;岳阳市检验检测中心;湖南林之神林韵油茶科技发展有限公司;湖南仁馨生物技术有限公司

4. 名称：高品质油茶籽油绿色加工关键技术研发与产业化

奖励等级：2022—2023 年度湖南省科技进步奖三等奖

获奖单位：湖南新金浩茶油股份有限公司

5. 名称：油茶高规格容器大苗繁育及品种鉴别技术研发与应用

奖励等级：2024 年梁希林业科学技术奖科技进步奖三等奖

获奖单位：湖南省林业科学院;江西农业大学;湖南大学;湖南大三湘苗木园艺有限责任公司

6. 名称：油茶新品种选育及早实稳产高产栽培技术研究与应用

奖励等级：2023 年度贵州省科学技术进步奖三等奖

获奖单位：天柱县林业产业发展中心;贵州省林业科技推广总站

7. 名称：油茶高产栽培及高值化利用关键技术研发与产业化示范

奖励等级：2022 年度福建省科学技术奖三等奖

获奖单位：福建师范大学;福建胜华农业科技发展有限公司;福建省沈郎油茶股份有限公司;福建中胜华兴建工集团有限公司

（二）专著

1.《油茶主推良种配套丰产新技术》，主编：陈永忠、陈隆升，湖南科学技术出版社 2024 年版

该书聚焦种苗、果实、油茶籽三个阶段，重点面向从事科研和生产实践的技术人员和生产者。全书分为十章，分别为油茶概况、油茶生物学特性、油茶主推良种、油茶造林技术、油茶林地管理技术、油茶树体培育技术、油茶农林复合经营技术、油茶主要有害生物防控技术、油茶果实采收与初加工、油茶产业融合发展。

2.《中国油茶产业发展蓝皮书（2023）》，主编：陈永忠，研究出版社 2024 年版

该书分析了油茶产业链上游、中游和下游的产业发展概况，总结分析了油茶产业发展的外部环境、重点区域、重点企业、代表性产品、效益评价、产业发展趋势与对策等内容。

3.《三华油茶栽培实用技术（第二版）》，主编：谭晓风、袁军、李泽，中国林业出版社 2024 年版

该书论述了'华金''华鑫''华硕'等三华油茶特性，分为七章，分别为三华油茶特性、容器育苗技术、丰产造林技术、幼林抚育技术、成林管理技术、品种改造技术、果实采收技术。

4.《图解油茶丰产高效栽培》，主编：左继林，中国农业出版社 2024 年版

该书对油茶丰产高效栽培技术进行简要总结介绍。

5.苗圃丛书《油茶》，编著：谭新建、钟秋平、曹林青、晏巢，中国林业出版社 2024 年版

为助力各地政府、油茶种植企业、种植户了解目前我国油茶育苗现状与前沿技术，本书系统介绍了油茶良种壮苗繁育技术的要点。

六、技术标准

序号	标准名称	标准号	批准发布部门	标准类型	产业分类
1	油茶果脱壳机 性能要求和试验方法	LY/T 3417—2024	国家林业和草原局	行业标准	机械化装备
2	浙江红花油茶栽培技术规范	DB33/T 1414—2024	浙江省市场监督管理局	地方标准	栽培技术
3	油茶扦插育苗技术规程	DB4409/T 63—2024	茂名市市场监督管理局	地方标准	繁育技术
4	油茶林下羊肚菌栽培技术规程	DB5206/T 188—2024	铜仁市市场监督管理局	地方标准	栽培技术
5	油茶胚根嫁接技术规程	DB3415/T 75—2024	六安市市场监督管理局	地方标准	繁育技术
6	油茶丰产栽培技术规程	DB36/T 551—2024	江西省市场监督管理局	地方标准	栽培技术
7	油茶嫁接苗培育技术规程	DB36/T 552—2024	江西省市场监督管理局	地方标准	繁育技术
8	油茶营造林技术规程	DB34/T 1268—2024	安徽省市场监督管理局	地方标准	栽培技术
9	"衡东大桃"油茶苗木繁育和栽培技术规程	DB43/T 3073—2024	湖南省市场监督管理局	地方标准	繁育和栽培技术
10	油茶低产林改造技术规程	DB3311/T 288—2024	丽水市市场监督管理局	地方标准	栽培技术
11	油茶低效林改造技术规程	DB5115/T 130—2024	宜宾市市场监督管理局	地方标准	栽培技术
12	主推油茶品种配置技术规程	DB43/T 3026—2024	湖南省市场监督管理局	地方标准	栽培技术
13	油茶蜜蜂授粉技术规程	DB36/T 2011—2024	江西省市场监督管理局	地方标准	栽培技术
14	油茶培育技术规程	DB35/T 1199—2024	福建省市场监督管理局	地方标准	栽培技术
15	油茶病虫害绿色防控技术规程	DB34/T 4807—2024	安徽省市场监督管理局	地方标准	栽培技术
16	油茶织蛾监测与防控技术规程	DB44/T 2468—2024	广东省市场监督管理局	地方标准	栽培技术
17	地理标志产品 宜春野茶油	DB36/T 2109—2024	江西省市场监督管理局	地方标准	加工利用

续表

序号	标准名称	标准号	批准发布部门	标准类型	产业分类
18	优质油茶种植技术与评价规程	T/GXDSL 032—2024	广西电子商务企业联合会	团体标准	栽培技术
19	油茶机械化生产技术规范	T/HNNJ 0019—2024	湖南省农业机械与工程学会	团体标准	机械化作业
20	油茶籽油生产技术规范	T/CCOA 80—2023	中国粮油学会	团体标准	加工利用
21	油茶林下复合经营技术规程	T/ZS 0667—2024	浙江省产品与工程标准化协会	团体标准	栽培技术
22	荆楚粮油 优质油茶籽油	T/HBLS 0004—2024	湖北省粮食行业协会	团体标准	加工利用
23	油茶提质增效技术规程	T/HBSF 023—2023	湖北省林学会	团体标准	栽培技术
24	六安油茶种植技术规范	T/ACCEM 040—2024	中国商业企业管理协会	团体标准	栽培技术
25	油茶营造林机械化作业技术规程	T/GXAS 742—2024	广西标准化协会	团体标准	机械化作业
26	油茶花期林下养蜂技术规程	T/HBSF 018—2023	湖北省林学会	团体标准	栽培技术
27	山茶油	T/CNSS 027—2024	中国营养学会	团体标准	加工利用
28	森林生态产品 老树山茶油	T/LSZX 009—2024	丽水市质量协会	团体标准	加工利用
29	饶有丰味 广丰山茶油	T/RYFW 12—2024	上饶市广丰区特色产品区域公用品牌协会	团体标准	加工利用
30	衢州山茶油	T/QSJX 006—2024	衢州市食品科学技术学会	团体标准	加工利用
31	河源茶油	T/GDNB 265—2024	广东省农业标准化协会	团体标准	加工利用
32	六安茶油加工技术规范	T/ACCEM 130—2024	中国商业企业管理协会	团体标准	加工利用
33	"领跑者"评价技术要求 山茶油	T/ZSM 0054—2024	浙江省计量与标准化学会	团体标准	加工利用
34	巴马山茶油质量分级	T/GARRPA 007—2024	广西农业农村振兴促进会	团体标准	加工利用
35	常山茶油	T/CSYC 0001—2024	常山县油茶产业协会	团体标准	加工利用

续表

序号	标准名称	标准号	批准发布部门	标准类型	产业分类
36	山茶油调味油	T/TSSP 048—2023	贵州省特色食品产业促进会	团体标准	加工利用
37	膜过滤法山茶油生产操作规范	T/GBC 21—2024	广西物品编码与标准化促进会	团体标准	加工利用
38	膜过滤法山茶油	T/GBC 20—2024	广西物品编码与标准化促进会	团体标准	加工利用
39	贵州山茶油	T/TSSP 047—2023	贵州省特色食品产业促进会	团体标准	加工利用
40	五指山雨林茶油（山柚油）	T/HNBX 209—2024	海南省标准化协会	团体标准	加工利用
41	化妆品用原料 茶油	T/SGLYCYX 001—2024	韶关市林业产业发展协会	团体标准	加工利用

七、主要荣誉

1. 贵州省玉屏侗族自治县林业局油茶研究中心工程师刘四黑在全国民族团结进步表彰大会上荣获"全国民族团结进步模范个人"称号。

2. 在"第10届品牌强国论坛暨2024中国品牌500强发布会"上，重庆酉州油茶科技有限公司的"酉阳茶油"品牌荣获"2024中国（行业）十大领军品牌"。

3. 汨江源山茶油股份有限公司刘武斌荣获2024年"湖南省十佳农民"荣誉称号。

4. 湖南亚美茶油股份有限公司2024年获得中国粮食行业协会颁发的全国油茶籽油加工企业十强荣誉。

5. 兴宁市油茶协会申报的"强化'兴宁茶油'地理标志品牌效应助力兴宁市油茶产业高质量发展"案例，入选2024年度广东商标品牌建设优秀案例。

6. 信阳市企业骆福记茶油产品"骆福记油茶籽油"在2024年第22届法国AVPA（农产品促进会）世界食用油国际比赛中荣获金奖。

7. "湖北省林科院木本油料团队"被湖北省委宣传部评为2024年文化、科技、卫生"三下乡"先进团队。

八、重要活动

1. 2024 年全国油茶产业发展现场会

2024年11月18日，国家林草局在湖北省随州市召开全国油茶产业发展现场会，深入学习贯彻习近平总书记重要指示精神，总结交流各地油茶生产的好经验、好做法，研究部署推进油茶产业高质量发展重点工作。

2. 第二届中国乡村特色优势产业发展大会油茶产业发展论坛

2024年10月11日，第二届中国乡村特色优势产业发展大会油茶产业发展论坛在京举行，主题为推动油茶产业高质量发展。政府、专家、企业家等在论坛发表演讲并分享经验。

3. 2024 首届油茶产业创新发展大会暨油茶联合服务万里行

2024年12月9日，首届油茶产业创新发展大会暨油茶联合服务万里行在永丰县开幕。会议围绕科技创新驱动生产力迭代升级、推动油茶产业全链条高质量协同发展、以新质生产力提升产业竞争力等关键问题进行深入探讨。会议设置全国油茶产业高质量发展研讨会，举行茶油产业合作签约仪式，现场累计签约金额达35.2亿元。

4. 2024 年湖南长沙油茶产业产销对接会

2024年11月29日至30日，长沙油茶产业产销对接会在长沙红星国际会展中心举办。本次对接会以"促进油茶资源供需对接、推动产业高质量发展"为主题，来自15个省（市、区）相关人员参会，310余家企业报名参展，展示全产业链最新成果和产品，供需双方对接交易额突破1亿元。

5. 2024 年湖南省油茶机械化生产现场会

2024年11月8日，由湖南省林业局、湖南省农业农村厅共同主办的湖南省油茶机械化生产现场会在湖南永州举行，现场会展示油茶水肥一体化、无人机管护、机械化抚育、机械化采收等机械化技术，促进油茶机械化的推广。

6. 2024 年中国油茶与科学营养峰会

2024年7月6日，中国油茶与科学营养峰会在沪举行。该峰会汇聚了国内外权威营养、油脂专家学者、润心经销商代表及合作伙伴，挖掘山茶油的营养价值，探索油茶产业创新升级之路，为加速推动中国油茶产业的发展、提升全民健康膳食深入探讨献计献策。

7. 2024 年油茶产业发展现场推进会

2024年1月31日，广西南宁市人民政府在良庆区那陈镇召开2024年油茶产业发展现场推进，会议强调，各县（市、区）人民政府要加强组织领导，坚持"一把手"亲自谋划、亲自推动，切实担负起岗位主体责任，以林长制为统领，推动各级林长落实油茶生产责任，推行县（市、区）领导包乡镇油茶生产任务的包保制度，细化年度工作任务，实行挂图作战。要加强宣传动员，落实油茶造林用地。充分利用春节村民回村团聚的大好时机，大力宣传油茶产业发展政策，全面推广"油茶+桉树"等模式，落实油茶造林用地并优化种植布局。要抓好项目验收，及时发放造林补助。确保"种得下、补得上"，让群众看到实实在在的利益。要积极推广国家、自治区审（认）定优良品种，严格落实油茶造林"三个百分之百"（100%良种、100%大杯苗和100%花果苗）标准要求，确保良种壮苗上山造林。要延长油茶产业链，解决油茶产品销售问题。统筹考虑如何"卖得出"的问题，吸引龙头企业带动，加强收购和仓储，用工业化思维发展油茶产业。打造市场认可品牌，确保油茶产业有效益、可持续。

8. 江西省油茶竹产业暨林下经济高质量发展现场推进会

2024年5月22日，江西省油茶竹产业暨林下经济高质量发展现场推进会在德兴市召开。会议强调，要深入学习贯彻习近平总书记考察江西重要讲话精神，按照江西省农业产业化高质量发展现场推进会部署要求，强化全产业链理念，改变传统抓法，改进工作方式，改善产业生态，大力推动江西省油茶、竹产业和林下经济高质量发展，为奋力谱写中国式现代化江西篇章作出新贡献。

9. 2024 年世界林木业大会在南宁举行

2024年11月23日，以"林木绿业、合作共襄——创新引领林木业高质量发展"为主题的2024年世界林木业大会在南宁举行。开幕式上共有35个重点林业产业项目集中签约，其中广西林科院与广西广林森林资源产业投资集团有限公司签订香花油茶科技成果转化及技术创新合作合同，签约金额超过3500万元。为全面展示林木业发展新成果、新技术、新产品，世界林产品及木制品展也于2024年11月23日至25日在南宁国际会展中心举办。其中以"全力提升油料供给能力，大力发展木本油料产业"为主题的木本油料展区陈列了来自广西、湖南、江西、四川、海南等8个省的展品，展品包括山茶油、核桃油、夏威夷坚果油、山桐子油等。

九、社会影响

2024年，我国油茶产业在政策支持、技术创新和市场拓展的多重推动下，取得显著成果，成为乡村振兴和绿色经济发展的重要引擎。

在产业发展成果方面，2024年，全国油茶种植面积稳步扩大，茶油产量达到100万吨，同比增长显著。湖南、江西和广西等地通过政策支持、技术创新和品牌建设，推动油茶种植面积不断扩大，产量和产值持续提升。湖南的油茶种植面积、茶油产量和产值均居全国第一，2024年油茶林总面积达2371万亩，茶油产量44万吨，综合产值突破934亿元。江西则以深化集体林权制度改革为契机，加速推进油茶产业三产融合，油茶林总面积达1700万亩，茶油产量达27.2万吨，总产值突破600亿元。广西油茶种植面积达1050万亩，油茶鲜果年产量275万吨，综合年产值约630亿元，带动全区150万名农民增收致富。各地推动油茶新造林和低产林改造，助力农民增收致富。

在社会经济效益方面，油茶产业的发展为农村经济注入新的活力。浙江常山县通过油茶全产业链发展，总产值突破17亿元，带动农户增收超3500万元。四川荣县油茶产业年产值超5.2亿元，参与农户达4.5万人。广西百色市油茶种植总面积达到231万亩，因地制宜推行"油茶+桉树""油茶+黄金百香果""油茶+澳洲坚果""油茶+板栗"等复合种植2.1万亩，累计创建500亩以上油茶"双高"示范基地91个，面积达15.56万亩。目前，百色油茶产业已覆盖全市101.4万农村人口，21.67万脱贫人口实现稳定增收，成为乡村振兴的重要支柱。油茶产业的蓬勃发展还催生了森林康养、生态旅游等新业态，进一步拓宽农民增收渠道。

　　在生态效益方面，油茶产业不仅经济效益显著，还具有重要的生态价值。油茶林的种植有助于水土保持和碳汇能力的提升，推动"绿水青山就是金山银山"理念的实践。如浙江省常山县承担全省林业碳汇试点建设工作，以油茶"增汇+减排"为重点研究方向，积极探索油茶低碳经营路径，充分利用全县29万亩油茶碳汇资源，构建可复制、可推广的油茶低碳产业"全覆盖"的发展模式。

参考文献

[1] 刘永富：《补齐食用油短板 加快实现木本油料高质量发展》，中国社会帮扶网，2024-09-04。

[2] 国家林业和草原局：《中国林业和草原统计年鉴2023》，中国林业出版社2024年版。

[3] 叶菲菲：《"百千万工程"背景下广东广宁县油茶产业SWOT分析》，《肇庆学院学报》2024年第6期。

[4] 钟柳兵：《油茶产业发展现状及高质量发展对策——以柳州市为例》，《热带农业工程》2024年第5期。

[5] 彭雅惠：《湖南油茶产业撑大"保护伞"》，《湖南日报》2024年10月17日。

[6] 陈柳卉等：《江西油茶产业高质量发展的创新策略探究》，《现代食品》2024年第18期。

[7] 胡增民：《冯纪福：油茶综合利用市场推广和规模化应用亟待提升》，《粮油市场报》2024年08月31日。

[8] 冯博杰等：《浙江省油茶产业高质量发展现状与对策》，《林草政策研究》2024年第2期。

[9] 朱震锋等：《我国油茶产业发展效率评价研究——来自15个油茶主产区的实证分析》，《林产工业》2024年第12期。

[10] 时德瑞：《现阶段中国油茶产业发展现状、存在的问题及对策》，《农村科学实验》2024年第6期。

[11] 黔东南州林业局：《黔东南州2024年油茶产业总产值实现32亿元》，黔东南州人民政府官网，2025-01-10。

[12] 赣南日报：《赣州市持续推进油茶产业高质量发展》，赣州市党务公开网，

2024—06—24。

[13] 陈永忠、陈隆升:《油茶主推良种配套丰产新技术》,湖南科学技术出版社2024年版。

[14] 茶陵县林业局:《解读〈茶陵县油茶产业开发管理办法〉》,茶陵县人民政府官网,2024—02—29。

[15] 酉阳发布:《产业解码跃然〈粮油市场报〉,酉阳油茶振兴密码折射深度观察力》,酉阳土家族苗族自治县林业局,2025—02—28。

[16] 潘小吕:《茶油的营养成分与保健功效的探索》,《食品安全导刊》2024年第6期。

后　记

　　本书是中国乡村发展志愿服务促进会（以下简称促进会）牵头编写的特色优势产业蓝皮书之一，是促进会关于中国油茶产业发展的第三本蓝皮书。按照促进会的总体部署，本书由湖南省林业科学院（国家油茶工程技术研究中心、木本油料资源利用全国重点实验室、岳麓山实验室）联合中国林业科学研究院亚热带林业研究所、江西省林业科学院、湖北省林业科学研究院、广西壮族自治区林业科学研究院、农业农村部食物与营养发展研究所、国家粮食和物资储备局科学研究院、海南大学、湖南省油茶产业协会、湖南大三湘茶油股份有限公司等单位共同编写，旨在全面反映我国油茶产业发展的最新动态和趋势。

　　本书由湖南省林业科学院研究员、国家油茶工程技术研究中心主任、木本油料资源利用全国重点实验室副主任陈永忠总体设计撰写方案、全程指导撰写工作，编写人员通过搜索查阅、企业座谈、调研咨询、数据分析等，沟通协调完成编写内容。在此期间，编写组成员分工合作，如期完成了初稿。随后，经过促进会组织的专家初审会和专家评审会的严格评审，最终形成了《中国油茶产业发展蓝皮书（2024）》。

　　本书结构框架由主编陈永忠审定，统稿工作由许彦明完成。具体撰写分工如下：

　　绪　论

　　　　陈永忠、陈隆升

　　第一章　油茶产业发展基本情况

　　　　张震、段章群、冯纪福、王瑞、刘彩霞

　　第二章　油茶产业发展外部环境

　　　　龚春、占志勇

第三章　油茶产业发展重点区域

　　　　程军勇、张应中、陈清波

第四章　油茶产业发展重点企业

　　　　许彦明、杨小胡、周新平、杨友志、陈柏林

第五章　油茶产业发展的代表性产品

　　　　方学智、罗凡

第六章　油茶产业发展效益评价

　　　　马锦林、王东雪

第七章　油茶产业发展趋势分析

　　　　黄家章、张焕柄

附　录　2024年油茶产业发展大事记

　　　　许彦明、占志勇、王东雪、程军勇、陈隆升、马力

　　本书由编委会主任刘永富会长审核。在此，向蓝皮书统筹规划、章节写作和参与评审的专家们表示感谢！向提供油茶产业发展创新指标的企业表示感谢！正是大家的辛勤努力和付出，该书才得以顺利出版。中国出版集团及研究出版社也对本书给予高度重视和热情支持，其工作人员在时间紧、任务重、要求高的情况下，为本书的出版付出了大量的精力和心血，在此一并表示衷心的谢意！同时，感谢所有被本书引用和参考过的文献作者，是你们的研究成果为本书提供参考和借鉴。尽管我们在编写过程中力求严谨，但由于时间有限，本书仍存在一些不足和有待改进与完善的地方，我们真诚欢迎专家学者和广大读者提出宝贵的意见和建议，以便在今后的版本中进一步完善。

本书编写组

2025年5月